시리즈 III

차량대물 손해사정 III

(손상진단 및 견적편)

저자 한영규 최성식

들어가는 말

　자동차보험의 차량대물손해사정은 자동차보험 사고로 발생된 자기차량 및 배상책임 피해물의 손해액을 산출 하기위해 요구되는 전문지식을 활용하여 공정한 손해사정 업무를 수행하는 일이다. 따라서 학생들에게 손해사정 업무의 능력단위 및 능력단위 요소에 대한 책무와 업무범위에 대한 세밀한 검토 및 학습이 선행됨이 필요하다. 이를 위한 기초작업으로 시리즈Ⅰ 기초편과 시리즈Ⅱ 약관 및 지급기준에 이어 시리즈Ⅲ 손상진단 및 견적편을 출간하였다..

　시리즈Ⅰ 기초편으로 자동차보험의 차량대물손해사정에 대한 전반적인 이해를 마친 학습자들에게 자동차보험 차량대물 손해사정에 중요한 자동차보험 약관과 지급기준을 시리즈Ⅱ에 담아 공부할 수 있도록 준비하였다. 또한 시리즈Ⅲ은 사고해석과 손상진단, 그리고 견적에 대한 내용으로 구성하였다.
　자동차보험의 차량대물손해사정을 공부하는 이들에게 시리즈Ⅰ, Ⅱ, Ⅲ가 아무쪼록 조금이나마 도움이 되었으면 하는 바람을 다시 한번 희망한다.

저자 한영규 최성식

[목 차]

제1장 ♠ 사고해석과 손상진단

제1절 사고해석 ·· 7
   1. 개요 ··· 7
   2. 사고해석의 정의 ··· 14
   3. 사고해석의 목적 ··· 15
   4. 자동차 사고 발생원인 ··· 15
   5. 면·부책 판단 ·· 19
   6. 사고 차량 관찰기법 ··· 22
   7. 차량사고 종류 및 특징 ··· 36

제2절 손상진단 ·· 41
   1. 손상진단의 목적 ··· 41
   2. 자동차 손상의 주요형태 ··· 41
   3. 손상의 발생과 판단의 기본요건 ····································· 41
   4. 자동차 충돌손상의 종류 ··· 42
   5. 손상진단 기법 ··· 50

제3절 복원 수리 기법 ·· 64
   1. 개요 ··· 64
   2. 복원 수리 절차 ··· 65
   3. 외판패널의 복원 수리 ··· 66
   4. 작업 항목별 수리의 종류 ··· 68
   5. 수리 방법의 판단 ··· 74
   6. 외판패널의 전형적인 손상 종류 및 복원 수리 기법 ···· 76
   7. 내판·골격 부위의 복원 수리 ··· 78

제2장　♠ 자동차 도장과 견적기법

제1절 자동차 도장 ··· 83
  1. 자동차 보수도장 ··· 83
  2. 자동차 신차도장 ··· 91
  3. 기타 도장기법 ·· 93
  4. 도장 요금 산출 ·· 98
  5. 도장결함의 종류 ··· 100

제2절 견적기법 ·· 102
  1. 견적 ··· 102
  2. 견적 산출 Flow ··· 104
  3. 견적 작성 ··· 105
  4. 자동차 부품 ·· 112
  5. 수리공임 ··· 117

제3장　♠ 교통사고 관련 불법행위

제1절 불법행위 ·· 127
  1. 불법행위의 의의 ··· 127
  2. 일반불법행위의 성립요건 ·························· 128
  3. 불법행위의 효과 ··· 132
  4. 민법상 특수한 불법행위 ···························· 134
  5. 소멸시효 ··· 140
  6. 제척기간 ··· 144

제2절 교통사고 관련 책임 ·· 145
   1. 책임의 종류 ··· 145
   2. 민사상 책임 ··· 145
   3. 형사적 책임 ··· 148
   4. 행정상의 책임 ·· 153

제3절 교통사고처리 특례법 ·· 159
   1. 제정 목적 ·· 159
   2. 특징 ··· 160
   3. 12개 항의 위반행위 ··· 161
   4. 사망·도주(뺑소니) 사고 ······································ 194

제4절 자동차손해배상 보장법상 불법행위 ························ 197
   1. 자동차손해배상 보장법의 제정 목적 ··················· 197
   2. 자동차손해배상책임의 주체 ································ 199
   3. 손해배상책임의 주체 ·· 202
   4. 면책요건(자배법 제3조 단서 조항) ····················· 202
   5. 자배법의 효과 ·· 203

※ 용어 및 기능 설명 ·· 205

차량대물 손해사정Ⅲ

제1장

사고해석과 손상진단

제1절 사고해석

제2절 손상진단

제3절 복원 수리 기법

제1장 사고해석과 손상진단

제1절 ♠ 사고해석

1. 개요

　사고해석이란 사고 현장에 나타나 있는 타이어 흔적, 파손 잔존물, 액체 잔흔 등과 사고 차량이 접촉 또는 충돌한 상대 물체에 남아 있는 사고 잔흔, 사고 차량에서 얻을 수 있는 파손 형태나 상대 물체와의 충돌과정에서 생기는 여러 가지 형태의 파손 형상 등을 분석하여 사고의 진실에 근접한 사고 상황을 재현하는 과정을 사고해석이라 할 수 있다.

　최근에는 사고해석을 더욱 완벽하게 나타내 보이기 위해 각종 전산프로그램이 개발되어 운용되기도 하는데, 주로 미국에서 개발된 EDVAP(Engineering Dynamics Vehicle Analysis Package)나 오스트리아에서 개발한 PC-CRASH 등이 대표적인 프로그램이며, 현재 국립과학수사연구소, 도로교통공단 등에서도 이러한 프로그램 등을 실무에 많이 도입하여 운영하기도 한다. 한편 보험개발원(자동차기술연구소)에서는 EDR(Event Data Recorder, 사고기록장치) 분석을 통해 보험회사로부터 요청받은 사고 건을 정밀하게 분석하여 결과를 보상업무에 활용하고 있다. 즉 사고 차량의 손상 부위, 도로상의 노면 흔적, 차량 손상 부위에 따른 충돌 형태, 노면 흔적에 따른 충돌지점, 사고 차량의 충돌 전 진행 상황 등을 해석하는 것이 그 예이다. 자동차 사고의 사고 관련 각종 증거자료를 근거로 객관적이고, 과학적으로 더욱 진실에 가깝게 사고해석을 하기 위해서는 차량 공학이나 역학, 차량 동역학, 충돌사고 역학, 교통 및 도로공학 등을 응용, 종합적으로 분석하여 사고 원인을 규명할 필요가 있다.

　특히 손해사정사(보상직원)는 보험사고의 조사·확인 업무를 수행하면서 매 사고 건별로 예외 없이 「사고해석」을 통해 보상업무를 수행하여야 하며, 여기서 보험사고의 조사란 사고 발생 건에 대한 면·부책 여부, 과실 비율, 구상성립 여부 등을 판단하기 위해 시행하는 일련의 조사과정을 말한다.

참고

1. EDR(Event Data Recorder, 사고기록장치)이란?
   자동차의 에어백이나 기관 ECU에 내장된 일종의 데이터 기록용 블랙박스로서, 운전자의 가속페달, 제동 페달, 조향 핸들 조작과 기관 RPM, 속도, 안전벨트 착용 여부, 에어백 전개 정보 등을 사고 전 5초 동안 0.5초 단위로 기록하는 장치를 말한다.

2. 관련 법규(요약)
   교통안전법 제55조(운행기록 장치의 장착 및 운행기록의 활용 등)와 자동차관리법 제29조의3(사고기록장치의 장착 및 정보제공)에서 EDR 장착기준 및 기록정보 등을 규정하고 있다.
   가. 자동차 제작·판매자 등은 EDR이 장착되었음을 소비자에게 알려야 하고, 이해관계자가 EDR 정보를 자동차 제작·판매자 등에 요구하면 의무적으로 제공하도록 하고 있으나, 이해관계자에 보험회사는 포함되지 않는다.
   나. EDR 정보를 개인식별정보와 연결할 때 개인정보로 취급되어 보험회사는 고객으로부터 동의를 받아야만 EDR 정보 활용이 가능하다.
   다. 운행기록 장치 의무 장착 차량
      (1) 「여객자동차 운수사업법」에 따른 여객 자동차 운송사업자
      (2) 「화물자동차 운수사업법」에 따른 화물자동차 운송사업자나 화물자동차 운송가맹사업자. 다만 소형 화물차량 등 국토교통부령으로 정하는 차량은 그러하지 아니하다.
   라. 자동차 및 자동차부품의 성능과 기준에 관한 규칙 제56조의2(사고기록장치)
      ① 법 제2조 제10호에서 "자동차의 충돌 등 국토교통부령으로 정하는 사고"란 다음 각호의 어느 하나에 해당하는 상황이 발생한 경우를 말한다.
         ㉮ 0.15초 이내에 진행 방향의 속도 변화 누계가 시속 8km 이상에 도달하는 경우
            (측면방향의 속도 변화가 기록되는 자동차의 경우에는 측면방향 속도 변화 누계가 0.15초 이내에 시속 8km 이상에 도달하는 경우를 포함한다)
         ㉯ 에어백 또는 좌석 안전띠 프리로딩 장치 등 비가역 안전장치가 전개되는 경우

3. 사고기록장치 기록사항
   가. 충돌 이전 기록사항
      - 차량 속도
      - 가속페달 밟은 정도
      - 브레이크 밟은 정도
      - 기관 회전수(rpm)
   나. 충돌 시점 기록사항
      - 안전벨트 작동 여부
      - 에어백 경고등 상태
   다. 충돌 중 기록사항
      - 가속도
      - 속도 변화/충돌에너지
      - 에어백 전개 여부
      - 다중충돌 시 충돌 순서 등

4. EDR 정보 분석을 통한 사고조사 활용
   가. 고의사고 여부 분석
      고의적인 가속, 제동, 후진, 핸들 조작 등
   나. 차량 충돌 자세 및 진로 변경 과정 분석
      손상 면과 최종 차량 위치에 따른 차량 진행 방향 등
   다. 연쇄추돌 또는 다중추돌 과정 분석
      앞 차량 추돌에 따른 연쇄추돌 또는 추돌사고 차량의 뒷부분을 재차 추돌한 것인지 여부 등

가. 차량 손해사정사

자동차 사고로 인한 차량이나 그 밖의 재산상의 손해액을 사정하는 자를 말한다. (보험업법시행규칙 제52조 참조)

나. 차량 손해사정사의 업무
   (1) 손해 발생 사실의 확인
   (2) 보험약관 및 관계 법규 적용의 적정성 판단
   (3) 손해액 및 보험금의 사정
   (4) 제1호부터 제3호까지의 업무와 관련된 서류의 작성·제출의 대행
   (5) 제1호부터 제3호까지의 업무수행과 관련된 보험회사에 대한 의견의 진술
   [보험업법 제188조(손해사정사 등의 업무) 시행일 2011.1.24. 참조]

다. 손해사정사의 의무
   (1) 보험회사로부터 손해사정 업무를 위탁받은 손해사정사 또는 손해사정업자는 손해사정 업무를 수행한 후 손해사정서를 작성한 경우에 지체 없이 대통령령으로 정하는 방법에 따라 보험회사, 보험계약자, 피보험자 및 보험금 청구권자에 대하여 손해사정서를 내어 주고, 그 중요한 내용을 알려주어야 한다. [보험업법 제189조(손해사정사의 의무 등) 시행일 2018. 8. 22.]
   (2) 보험계약자 등이 선임한 손해사정사 또는 손해사정업자는 손해사정 업무를 수행한 후 지체 없이 보험회사 및 보험계약자 등에 대하여 손해사정서를 내어 주고, 그 중요한 내용을 알려주어야 한다.
   (3) 손해사정사 또는 손해사정업자는 손해사정 업무를 수행할 때 보험계약자, 그 밖의 이해관계자들의 이익을 부당하게 침해하여서는 아니 되며, 다음 각호의 행위를 하여서는 아니 된다.
      (가) 고의로 진실을 숨기거나 거짓으로 손해사정을 하는 행위
      (나) 업무상 알게 된 보험계약자 등에 관한 개인정보를 누설하는 행위
      (다) 타인으로 하여금 자기의 명의로 손해사정 업무를 하게 하는 행위
      (라) 정당한 사유 없이 손해사정 업무를 지연하거나 충분한 조사를 하지 아니하고 손해액 또는 보험금을 산정하는 행위
      (마) 보험회사 및 보험계약자 등에 대하여 이미 제출받은 서류와 중복되는 서류나 손해사정과 관련이 없는 서류를 요청함으로써 손해사정을 지연하는 행위
      (바) 보험금지급을 요건으로 합의서를 작성하거나 합의를 요구하는 행위

(사) 그 밖에 공정한 손해사정 업무의 수행을 해치는 행위로서 대통령령으로 정하는 행위 [보험업법 제189조 (손해사정사의 의무 등) 시행일 2011. 1. 24.]

라. 그 밖에 공정한 손해사정 업무의 수행을 해치는 행위로서 대통령령으로 정하는 행위
 (1) 등록된 업무 범위 외의 손해사정을 하는 행위
 (2) 자기 또는 자기와 총리령으로 정하는 이해관계를 가진 자의 보험사고에 대하여 손해사정을 하는 행위
 (3) 자기와 총리령으로 정하는 이해관계를 가진 자가 모집한 보험계약에 관한 보험사고에 대하여 손해사정을 하는 행위(보험회사 또는 보험회사가 출자한 손해사정법인에 소속된 손해사정사가 그 소속 보험회사 또는 출자한 보험회사가 체결한 보험계약에 관한 보험사고에 대하여 손해사정을 하는 행위는 제외한다)
 [보험업법시행령 제99조 (손해사정사 등의 의무)]

마. 총리령으로 정하는 이해관계를 가진 자
 (1) 개인인 손해사정사의 경우
  (가) 본인의 배우자 및 본인과 생계를 같이하는 친족
  (나) 본인을 고용하고 있는 개인 또는 본인이 상근 임원으로 있는 법인 또는 단체
  (다) 본인이 고용하고 있는 개인 또는 본인이 대표자로 있는 법인 또는 단체
  (라) 본인과 생계를 같이하는 2촌 이내의 친족, 본인의 배우자 또는 배우자의 2촌 이내의 친족이 상근 임원으로 있는 법인 또는 단체
 (2) 법인인 손해사정업자의 경우
  (가) 해당 법인의 임직원을 고용하고 있는 개인 또는 법인
  (나) 해당 법인에 대한 출자금액이 전체 출자금액의 100분의 30을 초과하는 자
  [보험업법시행규칙 제57조(이해관계자의 범위)]

보험업감독규정 제2관 손해사정사 제9-12조   손해사정사의 구분

① 손해사정사는 그 업무 수행 형태에 따라 다음 각호와 같이 구분한다.
 1. 고용손해사정사 : 보험회사에 고용된 손해사정사
 2. 독립손해사정사 : 보험회사에 고용되지 않고 독립하여 손해사정을 업으로 영위하는 손해사정사

보험업감독규정 제2관 손해사정사 제9-14조   독립손해사정사의 금지행위

① 독립손해사정사 또는 독립손해사정사에게 소속된 손해사정사는 업무와 관련하여 다음 각호의 행위를 하여서는 아니 된다.
  1. 보험금의 대리청구행위
  2. 일정 보상금액의 사전약속 또는 약관상 지급보험금을 현저히 초과하는 보험금을 산정하여 제시하는 행위
  3. 특정 변호사·병원·정비공장 등을 소개·주선 후 관계인으로부터 금품 등의 대가를 수수하는 행위
  4. 불필요한 소송·민원유발 또는 이의 소개·주선·대행 등을 이유로 하여 대가를 수수하는 행위 5. 사건중개인 등을 통한 사정 업무 수임 행위
  6. 보험회사와 보험금에 대하여 합의 또는 절충하는 행위
  7. 그 밖에 손해사정 업무와 무관한 사항에 대한 처리 약속 등 손해사정 업무 수임 유치를 위한 부당행위

보험업감독규정 제2관 손해사정사 제9-16조   보험계약자 등의 손해사정사 선임

① 법 제185조에서 정한 "보험계약자 등"이라 함은 보험계약자·피보험자·보험수익자·피해자·그 밖에 보험사고와 관련된 이해관계자를 말한다.
② 보험계약자 등이 손해사정사를 선임하고자 할 때는 다음 각호의 1의 경우에 의한다.
  1. 손해사정이 착수되기 이전에 보험계약자 등이 보험회사에게 손해사정사의 선임 의사를 통보하여 동의를 얻은 때
  2. 정당한 사유 없이 보험회사가 보험사고 통보(제3 보험 상품의 경우 접수가 완료된 날을 말한다)를 받은 날부터 7일이 경과하여도 손해사정에 착수하지 아니한 때
  3. 보험회사가 고용 또는 선임한 손해사정사가 사정한 결과에 보험계약자 등이 승복하지 아니한 때
  4. 보험계약자 등이 보험회사와는 별도로 손해사정사를 선임하고자 할 때
③ 제2항의 규정에 의하여 선임된 손해사정사의 보수는 제2항 제1호 및 제2호의 경우에는 보험회사가, 제2항 제3호 및 제4호의 경우에는 보험계약자 등이 부담함을 원칙으로 한다.
④ 보험계약자 등은 손해사정사를 선임하였을 때에는 지체 없이 이를 보험회사에게 통보하여야 하며, 이경우 선임된 손해사정사는 보험계약자 등을 대리하여 통보할 수 있다.
⑤ 보험회사가 손해사정사를 선임한 보험계약에 대해 재보험계약을 체결하는 경우 재보험을 받은 보험회사는 법 제185조에 따른 손해사정사 또는 손해사정을 업으로 하는 자를 선임하여 그 업무를 위탁한 것으로 본다.

보험업감독규정 제2관 손해사정사 제9-18조   손해사정사의 의무

① 손해사정사는 법 제188조의 규정에 의한 업무를 수행한 때에는 지체 없이 감독원장이 정하는 사항을 기재한 손해사정서를 작성하고 자격을 표시한 후 서명(「전자서명법」 제2조 제2호에 따른 전자서명을 포함한다) 기명날인하여 보험회사(법 제185조 단서)에 의하여 보험계약자 등이 선임한 독립손해사정사의 경우에는 보험계약자 등을 포함한다)에게 제출하여야 한다. 다만, 소송이 제기된 경우 또는 보험금 청구권자가 제출한 서류 심사만으로 지급심사가 완료되어 서류접수 완료일로부터 제3영업일 이내에 보험금이 지급되는 경우에는 손해사정서를 작성하지 아니할 수 있다.
② 손해사정사는 제1항의 규정에 의한 손해사정서의 내용 중 감독원장이 정하는 사항에 대하여 보험회사 및 보험금 청구권자에게 설명하여야 한다.

보험업감독규정 제2관 손해사정사 제9-20조   보험회사의 의무

① 보험회사는 손해사정사 또는 손해사정업자와 위탁계약을 체결하거나 보험금 청구권자가 선임한 손해사정사가 손해사정서를 제출하는 경우 제9-21조의2의 규정에 따른 손해배상 보장예탁금을 예탁하거나 인허가보증보험에 가입하였는지 여부를 확인하여야 한다.
② 보험회사는 보험계리사 또는 손해사정사가 그 업무를 신속, 공정하게 수행할 수 있도록 업무에 필요한 자료제공요청이 있을 경우에는 지체 없이 협조하여야 한다. 다만, 다음 각 호의 경우로서 그 사유를 당해 보험계리사 또는 손해사정사에게 서면으로 통보한 경우에는 그러하지 아니하다.
  1. 당해 건의 보험계리 또는 손해사정 업무와 무관한 자료요청
  2. 기 제공 자료와 중복되는 자료의 요청
  3. 일반적으로 널리 알려진 사항에 대한 자료의 요청
  4. 그 밖에 요청내용이 현저히 부적당한 것으로 판단되는 자료의 요청
③ 보험회사는 보험금 청구권자가 보험금지급을 청구한 때에는 당해 손해사정 업무를 담당하거나 보험금을 심사할 손해사정사 또는 손해사정업자를 지정하고(제9-18조 제1항에 따라 손해사정서를 작성하지 않는 경우는 제외한다), 보험금청구권자(보험금 청구권자가 독립손해사정사를 선임한 경우에는 독립손해사정사를 포함한다)에게 통보하여야 한다.
④ 보험회사는 보험계약자, 피보험자, 보험금 청구권자가 요청하는 경우에는 손해사정사가 작성·제출한 손해사정서를 열람하게 하거나 그 사본을 교부하여야 한다.
⑤ 보험회사는 보험금지급 시 보험금 수령자에게 보험금 세부 산출 근거가 명시된 보험금 지급 내역서를 교부하여야 한다.

보험업감독규정 제2관 손해사정사 제9-21조   손해사정서 접수 및 처리 절차 등

① 보험회사는 손해사정사가 제출하는 손해사정서의 접수를 거절하지 못하며, 제9-18조 제1항 단서의 사유에 해당하는 경우를 제외하고는 손해사정서가 제출되지 아니한 상태에서 보험금을 지급하여서는 아니 된다.

② 보험회사는 손해사정사가 제출한 손해사정서를 접수한 때에는 지체 없이 보험금을 심사·지급하여야 한다. 다만, 다음 각호의 1에 해당되어 보험금지급이 지연될 경우에는 손해사정서 접수일부터 10일 이내에 그 사유를 보험금 청구권자에게 통보하여야 한다.
  1. 손해사정서의 내용이 사실과 다르거나 자체적으로 조사·확인한 내용과 다른 것으로 판명된 때
  2. 손해사정서의 내용이 관련 법규, 약관에 위반된 경우
  3. 보험금청구권자가 손해사정서의 내용에 이의를 제기한 경우
  4. 민원 또는 소송이 제기되거나 수사기관에 의하여 수사가 진행 중인 경우

③ 보험회사는 손해사정사가 제출한 손해사정서가 제2항 제1호 또는 제2호에 해당되어 정정·보완("이하 보정"이라 한다)이 필요한 경우에는 손해사정서 접수일부터 10일 이내에 구체적인 사유와 근거를 명시하여 손해사정사 또는 보험금 청구권자에게 서면으로 요청하여야 한다.

④ 손해사정사 또는 보험금청구권자는 보험회사로부터 제3항의 규정에 의한 보정을 요청받은 경우에는 지체 없이 손해사정서를 보정하거나 기 제출한 손해사정서의 정당성에 대한 의견과 근거를 작성하여 보험회사에 서면으로 제출하여야 한다.

⑤ 보험회사는 제4항의 규정에 의한 보정서 또는 의견서를 접수한 때에는 지체 없이 보험금을 심사·지급하여야 하며, 다음 각호의 1에 해당하는 경우를 제외하고는 다시 보정을 요청할 수 없다.
  1. 보정서 또는 의견서의 내용이 부당하다는 객관적이고 명백한 반증이 있는 경우
  2. 제2항 제1호 또는 제2호에 해당하는 경우(기존의 보정요청에 대하여 보정이 완료된 경우는 제외)

⑥ 보험회사는 제9-18조 제1항 단서의 규정에 해당하는 경우를 제외하고는 제2항 내지 제5항의 절차에 따라 확정된 손해사정서에 의한 보험금을 지급하여야 한다. 다만, 다음 각호의 1에 해당하는 경우에는 손해사정서에 따른 보험금을 정정하여 지급할 수 있다.
  1. 민원 또는 소송이 제기되어 보험회사가 지급하여야 하는 보험금이 손해사정서와 다르게 결정된 경우
  2. 보험금 청구권자가 손해사정서 내용의 부당함에 대한 근거 및 자료를 서면으로 제출하고 보험회사가 이를 수용하여 보험회사가 지급하여야 하는 보험금이 손해사정서와 다르게 된 경우
  3. 보험회사가 결정한 보험금을 보험금 청구권자가 수용한 경우

| 보험업감독업무시행세칙 제6-18조 | 손해사정서 기재사항 등 |

① 감독규정 제9-18조 제1항에서 "감독원장이 정하는 사항"이라 함은 다음 각호를 말한다. 다만, 제1호 및 제2호의 규정은 독립손해사정사에 한한다.
 1. 손해사정 수임 일자, 수임 내용 및 위임자 인적 사항(전화번호 등 연락처를 포함한다) 등 수임 계약 내용
 2. 보수청구서(실비변상적 추가경비 명세표를 포함한다)
 3. 보험계약 사항
 4. 사고 및 손해조사내용
 5. 약관상 보험자 지급책임의 범위
② 감독규정 제9-18조 제2항에서 "감독원장이 정하는 사항"이라 함은 다음 각호를 말한다.
 1. 손해액 및 보험금 사정에 관한 중요 근거 및 결과
 2. 손해사정 시 적용된 관계 법규 및 보험약관
 3. 그 밖에 손해액 및 보험금 사정에 크게 영향을 미친 사항

| 보험업감독업무시행세칙 제6-20조 | 전문인의 활용 |

① 손해사정사는 보험사고에 대한 전문적인 지식이 요구되는 사항에 대하여 당해 분야에 대한 전문지식을 갖춘 자에게 조사를 의뢰하거나 자문을 요청할 수 있다.
② 손해사정사가 제1항의 규정에 의한 전문인의 조사 또는 자문의견을 수용한 경우에는 당해 전문인 외의 자에 대하여 그 결과에 대한 책임을 진다.

2. 사고해석의 정의

사고 현장에 남아 있는 사고의 각종 잔흔(타이어와의 마찰에 의한 도로의 흔적, 차량 파손품, 기타 누출 액체 등)과 사고 차량의 파손 형태, 상대 물체와의 충돌로 생긴 여러 가지 형태의 파손 형상 등을 종합적으로 분석하여 사고의 진실에 가장 근접한 결론을 끌어내는 판단행위 일체를 사고해석이라고 한다.

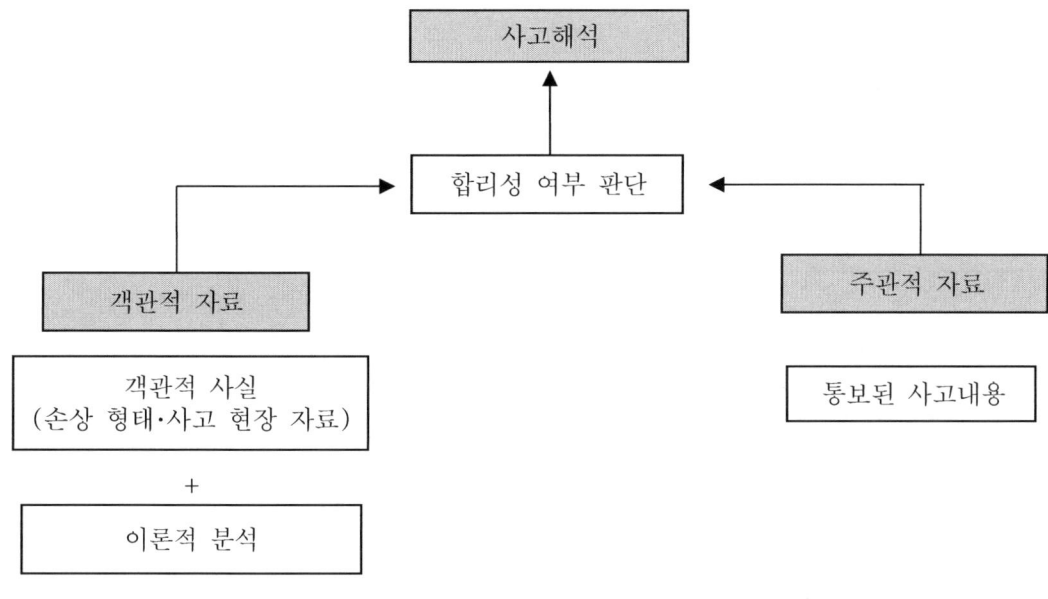

[그림 4-1] 사고해석

3. 사고해석의 목적

가. 도덕적 위험(moral risk) 배제

(1) 다양한 형태의 위장사고(운전자·차량 바꿔치기, 보험 가입 전에 발생한 차량 사고를 보험 가입 후 발생한 것으로 허위 통보 등)
(2) 편승 수리, 확대 수리, 수리비 허위청구 등
(3) 고장손해를 보험사고로 위장하는 경우

나. 과실 비율의 판단자료 제공

사고 현장에 나타나 있는 사고 흔적과 운전자 및 탑승자의 충돌 당시 자세, 브레이크·핸들 조작 여부 등에 대한 해석은 사고 당사자의 주장을 검증하는 자료가 되므로 과실 비율 판단에 주로 활용된다.

4. 자동차 사고 발생원인

가. 사고 발생의 원인

자동차 사고를 과정별로 분류해 보면 차량 충돌 전 상황, 차량 충돌 상황, 차량 충돌 후 상황으로 크게 나눌 수 있고, 차량 충돌 전 상황은 「사람(운전자의 운전 특성)」-「차(차량 운동)」-「환경(도로 환경)」의 3요소가 유기적으로 결합한 상태이나 이 상황에서 차량이나 도로 환경의 결함(하자), 운전자의 부주의 등으로 인하여 이러한 요소들이 불안정하게 되면 불균형이 발생하여 사고로 이어지고 사고의 규모가 커짐에 따라 각 요소에는 변화가 명확하게 생긴다. 예로서, 차량 충돌 전 차량이 가지고 있던 운동에너지는 충돌(추돌 또는 접촉) 현상을 통해 차체에 손상을 남기면서 각 사고 차량 간에는 운동량의 교환이 이루어지게 된다. 이 과정에서 차내 탑승자도 운동량에 따라 상대적인 운동을 하면서 다치게 되고, 차량 충돌 후 사고 관련 차량들은 나머지 운동에너지를 계속 소진함과 동시에 병진 또는 회전운동을 하면서 차량을 이동시킨 후 최종 정지하게 된다. 차량이 충돌할 때 지속되는 시간은 불과 0.1~0.2초의 매우 짧은 시간이고, 충돌 후 최종 정지하기까지의 시간도 수초에 지나지 않기 때문에 자동차 사고에 있어서 충돌과 충돌 후 현상은 물리학에서의 각종 법칙에 따라 차량과 도로 등에 많은 종류의 흔적을 남기게 된다. 이러한 흔적들은 사고해석을 하는 데 있어서 객관적 증거(물적 증거)로서 큰 의미를 부여하고 있다고 할 수 있다.

(1) 운전자 특성

자동차 사고에 있어 가장 중요한 요소 중의 하나로서 운전자의 특성에는 운전자의 시야, 운전자의 반응속도, 음주운전, 졸음운전 등이 있다.

(가) 운전자의 시야

운전에 필요한 정보의 약 80~90%는 운전자의 눈에 의해 얻어지며, 요소로는 가시거리, 시야, 암순응, 명순응, 현혹 등이 있다.

(나) 운전자의 반응속도

운전자의 반응속도는 인지 반응 특성으로도 표현되며, 다음의 4단계로 구분한다.

① 지각(Perception)

상황 또는 위험을 시각적으로 인식하는 것

② 확인(Identification)

시각적으로 인식한 상황 또는 위험의 식별, 이해

③ 의사결정(Emotion)

이해한 상황에 대한 반응 여부 결정

④ 반응(Reaction)

의사결정에 따른 동작 수행

(다) 음주운전
    술을 마시게 되면 누구나 생리적인 현상에 의해 지각시간, 반응시간 등이 떨어지고 시야가 좁아지며, 시력 저하, 감각 둔화, 동작 불안정 등으로 인하여 운전 능력이 떨어지게 된다.
(라) 졸음운전
    졸음운전은 만성적인 피로, 수면 부족, 장시간 운전 등 피로로 인한 졸음운전과 도로 환경이나 운전의 단조로움으로 인한 졸음운전 등으로 구분할 수 있다.

(2) 자동차 특성
    자동차 특성에서는 자동차 자체에서 발생하는 요소와 자동차가 가지고 있는 운동에너지 요소 등으로 구분된다.
    (가) 자동차 자체 요소
        조향장치의 결함, 제동장치 결함, 타이어 결함, 현가장치 결함 등
    (나) 자동차의 운동에 따른 요소
        급제동에 따른 노즈 다이브 현상, 수막현상, 선회 중 급제동으로 인한 페이드 현상, 타이어 마모로 인한 제동력 감소, 제동으로 인한 관성 저하를 우려한 제동 기피, 원심력에 의한 선회궤적 이탈 또는 과대반응 등

(3) 도로 환경 특성
    시야 불량, 노면 미끄럼, 노면 장애, 교통안전 시설물, 급회전 도로 등 정확한 사고해석을 위해서는 위 3요소에 대한 폭넓은 지식이 필요하며, 교통사고가 감소하지 않고 있는 이유는 이 3요소에 대한 안전대책이 미흡한 결과라고 할 수 있다.

나. 자동차 사고조사
사고조사는 사고접수, 계약 확인, 피해물(자) 확인, 사고관련자 면담, 현장 확인, 경찰조사 기록 확인, 과실비율, 구상성립 여부, 면·부책 등을 판단하기까지 여러 단계에 걸쳐 광범위하게 이루어지는 데 그 요령은 다음과 같다.
(1) 조사원칙
    (가) 신속한 출장
    (나) 철저한 조사

(2) 조사 방향
   (가) 보험사고 여부 판단(면·부책 여부)
   (나) 과실비율의 판단
   (다) 분쟁 및 소송 등에 대비한 객관적인 증거자료의 수집
   (라) 부당한 청구 배제

(3) 조사요령
   (가) 계약 확인
      신규계약, 담보종목 추가계약, 운전자 한정 운전 특약, 연령 한정 운전 특약, 실효 후 부활 계약, 타 보험 가입 여부 등
   (나) 사고접수 내용 확인
      ① 당일 사고, 지연접수사고, 과실 경합사고, 심야 사고, 운전자 또는 차량 바꿔치기 예상 사고, 구상 예상 사고 등으로 구분하여 대략적인 조사 방향을 설정한다.
      ② 피보험자에게 전화 등을 이용, 본인 소개를 하고 접수내용 중 누락된 부분이나 기타 조사에 필요한 사항을 문의하여 보완하고, 필요하면 갖춰야 할 서류를 안내한다.
      ③ 사고 관련 차량의 정비업체 입고 여부를 확인하여 정비업체로부터 입고일시, 자력 입고 여부, 사고일시, 장소, 사고 상황에 관해 확인 후 접수된 내용 또는 피보험자, 피해자로부터 확인한 내용을 대사 확인한다.
   (다) 현장 조사
      ① 도로의 형태 및 노면에 대한 조사
         차선, 도로의 폭, 제한속도, 신호기 설치 여부 등 사고조사에 필요한 사항을 확인하여 사고접수 용지에 간략하게 도시하고, 이미 조사한 내용과 일치 여부를 확인한다.
      ② 사고 발생 흔적 및 상황조사
         ㉠ 충돌 전 흔적
            펑크 난 타이어 흔적, 스키드 마크, 요 마크 등
         ㉡ 충돌과정에서 생긴 흔적
            충돌 스크랩 흔적, 타이어 흔적 궤적, 충돌 파편 낙하, 차량 용액 유출 등
         ㉢ 충돌 후 흔적
            타이어 끌린 흔적, 타이어 림 끌린 흔적, 충돌 파편 및 차량 용액 등

(라) 목격자 조사

　　　현장 주위의 상가 등을 중심으로 목격자를 확인하거나, 차량 블랙박스 영상 기록, CC-TV 등을 통해 증빙자료를 확보한다.

5. 면·부책 판단

　자동차 사고에 대한 면·부책 판단에 있어서 사고란 상황이 매우 다양하게 나타나므로 많은 조사와 폭넓은 정보 자료를 수집하여 판단하고, 사고의 전체 내용을 명확하게 하는 것이 필요하다.

　가. 면·부책 판단 Flow

　(1) 면·부책 판단자료

　　　자동차 사고는 매우 복잡 다양한 형태로 발생하므로 면·부책을 판단하기 위해서는 면밀한 조사와 광범위한 정보 자료를 수집, 관찰하는 등 사고의 실체를 명확히 파악하는 것이 필요하다. 이러한 사고의 실체를 파악하기 위해서는 우선 다음의 3가지를 조사, 확인하여 입수된 정보 또는 자료에 대한 종합적인 분석과 검토가 이루어질 때 면·부책 결정이 가능하게 된다.

　　(가) 사고 당사자나 제삼자의 증언에서 얻어지는 정보와 자료(이경우 경찰의 조사자료 등도 포함된다)

　　(나) 사고 차량 및 충돌 상대 물의 손상 부위와 손상 형태에서 얻어지는 자료와 물적 증거물

　　(다) 사고 현장의 환경조건 및 현장에 남아 있는 손상부품 또는 스키드 마크(skid mark) 등의 자료와 물적 증거물

　(2) 객관적 자료

　　(가) 사고 현장에서 사고 차량과 관련하여 얻어지는 명백한 자료를 의미한다.

<표 4-1> 객관적 자료

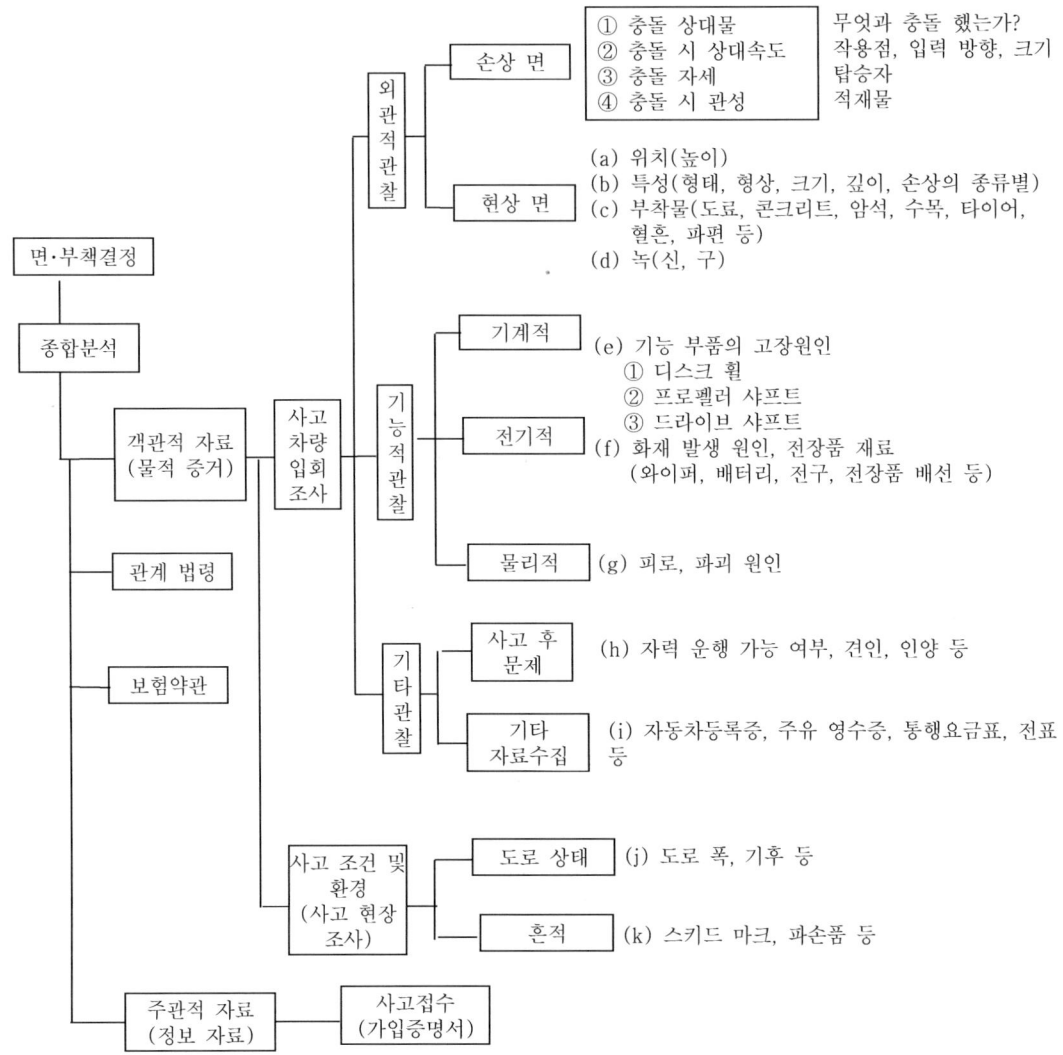

(나) 손해사정사는 사고 차량을 조사, 확인하면서 단순히 손해액을 산정하는 것에만 국한하지 않고, 그 차량에 발생한 손상과 현상을 잘 관찰하는 것이 무엇보다도 중요하다.

(3) 주관적 자료

자동차 사고가 발생하면 통상 사고 당사자나 이해관계인에 의해 사고내용이 보험회사에 통보되고, 통보된 내용이 「사고접수지」에 기록되지만, 그 내용은 사고 당사자들의 견해와 주장에 따라 내용이 작성되기 때문에 반드시 객관성이 있다고는 말할 수 없다. 따라서 객관적 자료로서의 가치가 있는지 등에 대하여 자세히 검토해야 한다.

<표 4-2> 주관적 자료

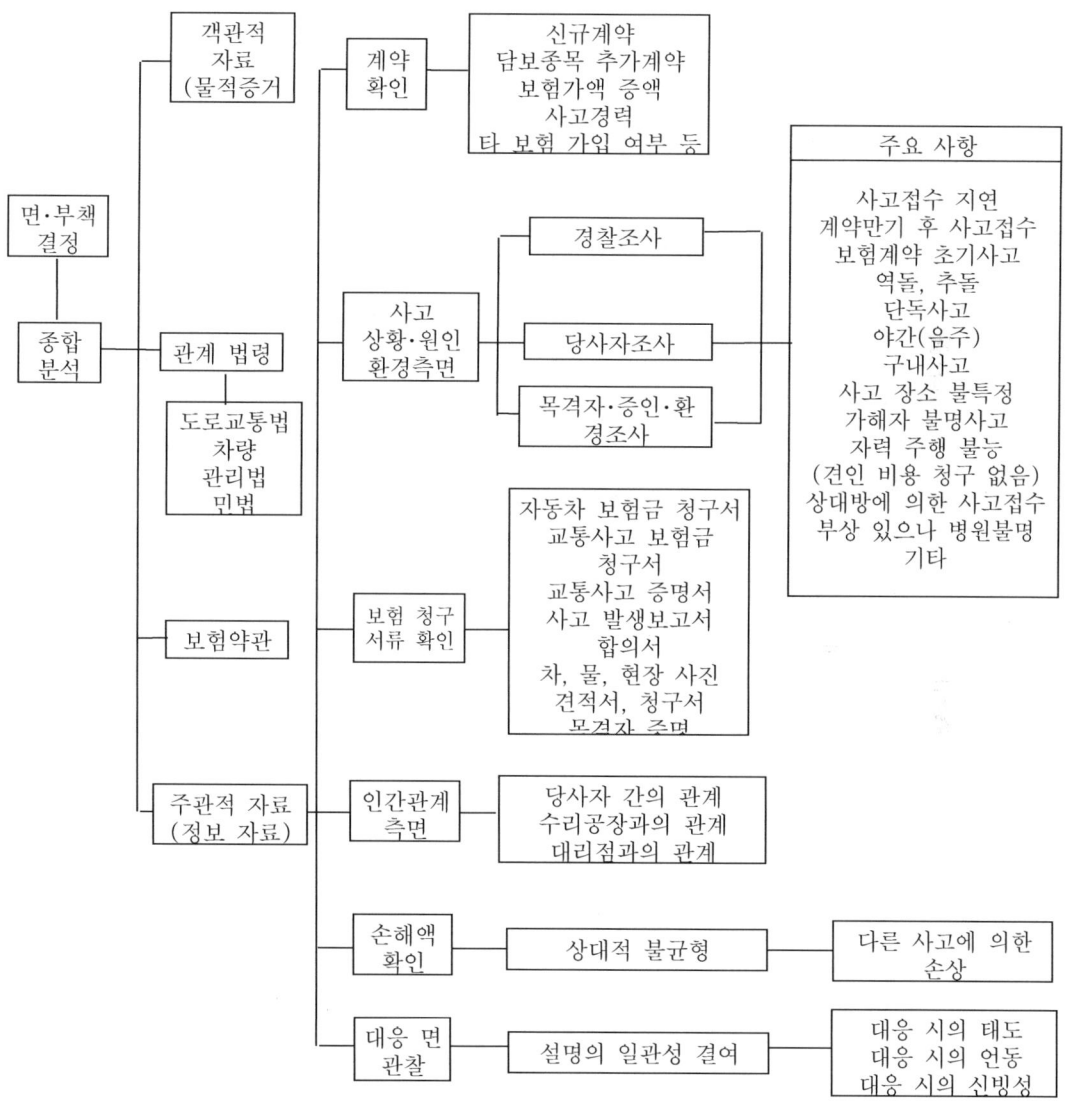

6. 사고 차량 관찰기법

가. 외관적 관찰

(1) 외관적 관찰의 목적

주로 교통사고가 발생한 뒤에는 사고관계자, 자동차, 도로면 또는 충돌대상물에 여러 종류의 변화가 남아 있게 된다. 따라서 먼저 설명한 사람-차-환경의 3가지 사고 발생 요인에 변화가 발생하게 되므로 이것을 정밀하게 조사, 확인, 분석, 검토함으로써 사고재현이 가능하며, 올바른 객관적 자료를 통해 사고해석의 정확도를 높이는 것이 무엇보다도 중요하다고 하겠다. 이를 위해서는 우선하여 사고 차량에 대한 관찰을 상세하게 조사, 확인하여야 한다. 이렇게 함으로써 얻어진 자료는 객관적 자료이기 때문에 증거물로 인정되는 경우가 많고, 무엇보다도 먼저 주관적 자료를 검증하는 데 있어 매우 유효한 근거가 된다. 여기에서는 외관적 관찰의 제 요건에 대한 개요를 설명하고자 한다.

(2) 사고접수 내용의 완전한 파악

사고 차량의 외관적 관찰은 접수된 사고 상황과 발생한 손상상태와의 인과관계 여부를 판단하는 것과 사고 당사자의 통보내용을 파악하는 일이 매우 중요하다. 이러한 내용을 예시하면 다음과 같다.

(가) 계약 내용 : 계약일(시기, 종기), 보험가입금액, 면책금액, 가족한정 운전 특약, 연령한정운전특약 등

(나) 사고 당사자의 성명, 주소, 연령, 연락처

(다) 사고 발생 일시, 장소, 기후

(라) 피보험 차량과 상대 차량의 차종, 연식, 색채, 손상 부위, 손상 정도, 소재지

(마) 상세한 사고 발생상황 및 도로 상황, 경찰입건 여부

여기에서 (가)의 계약 내용과 (라)의 피보험 차량에 대해서는 즉시 확인 가능한 사항이지만 나머지 부분은 발생한 사고내용과 상황에 따라 다르게 나타나므로 구체적인 확인이 요구된다.

(3) 외관적 관찰의 기술적 요건

외관적 관찰이란, 주로 사고 차량의 외부에 발생한 손상과 현상을 구체적으로 관찰해서 분석, 검토하는 것을 말한다. 따라서 손상의 발생 또는 현상이 발생하는 원리에 대한 기초 지식과 관찰요령 등을 동원하여 사고내용 조사와 손상상태의 점검이 요구된다. 여기에서는 외관적 관찰의 기술적 요건의 개요에 관해서 설명하도록 하겠다.

(가) 자동차 사고 형태

자동차 사고에 의해서 발생한 손상 형태는 다음의 여러 요소에 따라 각각 다르게 나타난다.

① 충돌 상대물
② 충돌 당시 상대속도
③ 충돌 위치(각도)
④ 충돌 당시 관성

이러한 제 요소가 복잡하게 연결되어 사고 차량에 나타나는 손상은 다양하지만, 이것을 관찰, 정리하여 사고접수내용과 일치 여부를 판단하는 자료로 활용하는 것이 외관적 관찰의 큰 목적이다.

① 지상 고정물체와의 충돌

같은 자동차가 같은 충돌 속도에서 사고를 발생시키면 상대 물체의 크기, 형태, 재질에 따라 사고 차량에 나타나는 손상에는 큰 차이가 있다.

㉮ 중심충돌에서와같이 입력 방향이 차체 중심으로 향하는 충돌에 있어서 상대 물체와 충돌하여 차량이 가지고 있는 운동에너지 전부를 소비함으로써 정지되는 것과 같은 사고에서는 충돌 부위가 푹 들어간 손상이 나타나고, 상대 물체의 형태가 손상 부위에서 나타나게 된다.

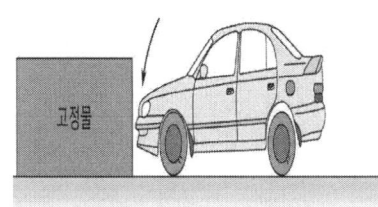 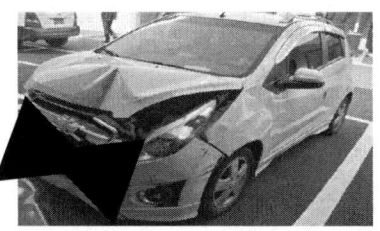

[그림 4-2] 중심 충돌사고

㉯ 입력 방향이 차량 중심이 아닌 편심 충돌에서는 차량이 중심을 잃고 순간적으로 회전을 하게 되어, 편심의 정도가 클수록 차량의 운동에너지가 전부 소비되지 않고 다음 운동으로 이동하지만 이경우 충돌 상대 물체와의 마찰로 인한 찰과 손상이 발생하게 된다.

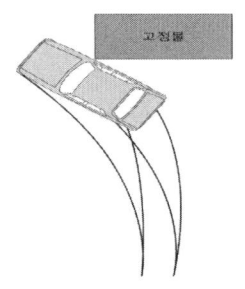 

[그림 4-3] 편심 충돌사고

에너지보존의 법칙

에너지(Energy)란 일(Work)을 할 수 있는 능력으로서 물체가 운동할 때 형태를 바꾸어도 전체 에너지의 크기는 양적으로 변하지 않으며, 이러한 에너지에는 기계적인 일, 운동에너지, 위치에너지, 마찰일, 변형에너지 등이 있다.

운동에너지(Ek) = 자동차가 한 일(제동에너지) = 마찰열 = $1/2 mv^2$
m : 물체의 질량 v: 속도

즉 주행속도 v(km/h)로 달리는 자동차가 제동력 F(kgf)의 작용으로 제동거리 S(m)에서 정지하였다고 가정하면
자동차가 한 일 = 제동력(F) × 제동거리(S)가 되고
자동차가 가지고 있는 운동에너지는 $1/2\ mv^2$이 된다.
여기서 질량 m은 지구의 중력가속도 g($9.8 m/s^2$)가 작용하여 자동차의 중량 W(kgf)이 되므로, 자동차의 질량 = W/g가 된다.
에너지보존의 법칙에 따라 두 식을 다시 정리하면 자동차가 한 일과 자동차가 가지고 있는 에너지 같으므로
제동력(F) × 제동거리(S) = $1/2 × W/g × v^2$으로 나타낼 수 있다.
따라서 자동차가 가지고 있던 운동에너지는 타이어와 노면과의 마찰일로 모두 변환되었다고 볼 수 있다.

② 자동차 상호 간 충돌
  ㉮ 정면충돌
   완전한 정면충돌은 양 차량의 무게중심이 동일 직선상에 있으며, 충돌 면에서의 변형과 양 차량의 운동 변화가 모두 에너지 변화의 대상이 되므로 양 차량 모두 구조의 앞부분이 뒤로 밀리는 손상이 발생한다.

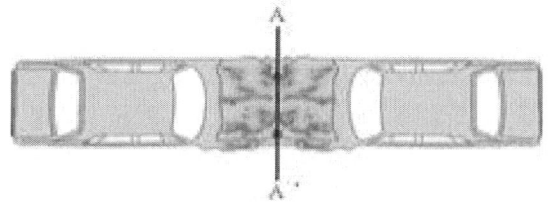

[그림 4-4] 정면충돌

  ㉯ 측면충돌
   2대의 자동차가 각각 직각 충돌과 경사 충돌하는 사고에서는 양 차량 모두 병진운동 이외에 회전운동을 일으켜 충돌지점에서 정지하지 않고 충돌 전의 운동 방향과 다른 새로운 방향으로 진행하는 경우가 많다.
   ⓐ 직각 충돌에 있어서 충돌 차량 a가 b 차량을 충돌하는 경우 a는 b와의 충돌에 의한 반력으로 세로축 방향에 손상이 발생한다.
   ⓑ 한편, 충돌 차량 a의 앞부분과 b 차량의 측면부에서는 접촉에 의한 마찰력이 생기게 된다. 따라서 충돌 차량 a의 앞부분에는 b의 주행 방향으로 횡적 변형손상을 받게 된다.
   ⓒ 이 결과, 양 차량은 회전을 일으켜 새로운 운동 방향으로 진행하거나, 또는 서로 2차 충돌이 발생한다.

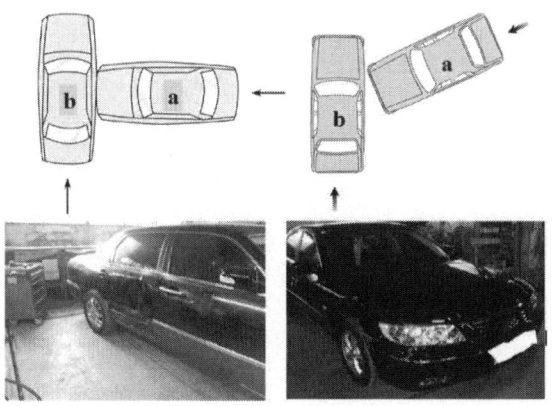

[그림 4-5] 측면충돌

(나) 자동차 충돌과정

자동차의 충돌과정은 최초접촉, 최대접촉, 충돌 후 분리의 과정으로 나누어 볼 수 있다.

① 최초접촉

충돌이 시작되는 시점을 의미하며, 이때부터 충돌 차량에 운동량 교환이 이루어지면서 차체변형이 생기고 자동차의 속도가 감소하기 시작한다. 최초접촉 후 최대접촉이 되기까지 충돌접촉 시간은 극히 짧은 시간이 된다.

② 최대접촉

최대접촉은 손상이 최대가 되는 상태로서, 양 차량의 운동량 교환이 완료될 때까지 계속하여 맞물려 접촉한 상태로 양 차량이 순간적으로 정지되어 상대속도가 '0'이 되는 상황을 의미한다.

③ 충돌 후 분리

최대접촉 후 분리된 차량은 각각 운동궤적을 그리며 이동하여 최종 정지하게 되는데, 이때 차량에 남아 있던 운동에너지는 타이어와 노면의 마찰열로 변환되게 된다.

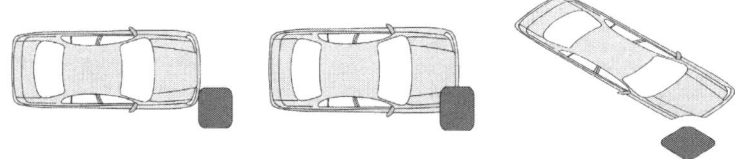

[그림 4-6] 고정물체 충돌과정

(다) 자동차의 운동

자동차의 운동은 차체를 중심으로 하여 전·후방향(X축)으로 작용하는 운동과 차체 중심의 좌·우 방향(Y축)으로 작용하는 운동, 차체 중심의 상·하 방향(Z축)으로 작용하는 운동으로 구분하며, X축을 중심으로 한 회전운동을 Rolling, Y축을 중심으로 한 회전운동을 Pitching, Z축을 중심으로 한 회전운동을 Yawing, Z축을 중심으로 한 병진운동을 Bouncing 이라 한다. 또한 주행 중인 자동차에 가해지는 힘은 타이어를 통해 노면에서 전달되는 진동과 차체가 받는 공기압력(저항)이 대부분이다.

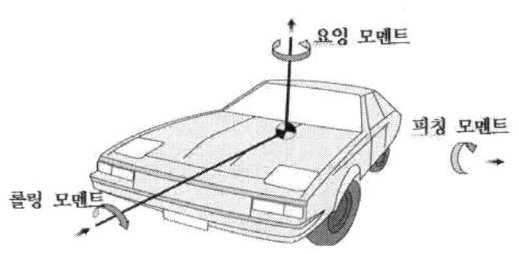

[그림 4-7] 자동차 운동

① 노즈 다이브(nose dive)

주행하고 있는 자동차에 제동이 걸리면 전후의 하중 이동에 의해 차체의 앞부분은 지면을 향해 기울어지고, 상대적으로 차체의 뒷부분은 위로 올라가는 회전모우멘트(Pitching) 현상이 일어난다. 일반적으로 이것을 노즈 다이브 또는 테일 리프트(tail lift)라고 하며, 이와 같은 현상으로 인하여 앞차축의 하중은 증가하지만, 그 증가한 만큼의 뒤 차축 하중은 감소하게 된다.

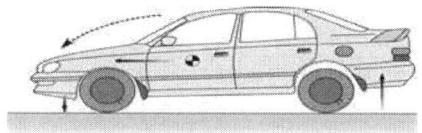

[그림 4-8] 노즈 다이브

② 롤링

선회 중인 자동차에 원심력이 작용하면 그림과 같이 차체가 기울어지는 롤링 현상이 일어난다. 그림을 보면 우선 선회하는 안쪽 서스펜션 스프링이 줄어들면서 차체가 가라앉으나 우측 스프링은 늘어나 차체가 올라가는 것을 알 수 있다. 이경우 롤링 각의 크기와 이러한 움직임은 서스펜션의 형식에 따라 복잡한 차이를 보이지만 일반적으로 승용차에서의 롤링 각은 3~6° 정도인 것으로 알려졌다.

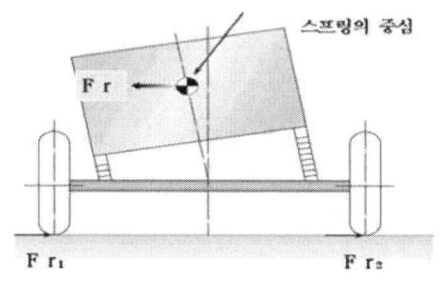

[그림 4-9] 롤링

③ 요잉(yawing)

코너를 돌 때 나타나는 현상으로서 차량의 앞부분이 우측으로 방향이 바뀌면 차량 뒷부분은 왼쪽으로, 앞부분이 좌측으로 바뀌면 뒷부분은 우측으로 쏠리게 된다. 이러한 현상이 계속 반복되는 것을 요잉이라 한다.

④ 바운싱(bouncing)

차량의 앞뒤가 전체적으로 평행하게 위·아래로 움직이는 현상을 바운싱이라 한다.

⑤ 스쿼트(squat)

차량을 급히 출발시킬 때 차체의 앞부분이 올라가고 뒷부분이 낮아지는 현상을 스쿼트라 한다.

(라) 손상 발생의 역학적 고찰

① 운동량보존의 법칙

운동량은 물체의 질량과 속도를 곱한 값으로 표현되며, 운동량보존의 법칙은 '충돌 전 물체가 가지고 있던 운동량의 합은 충돌 후 물체의 운동량과 같다'로 정의된다. 즉 충돌 전·후 두 대의 차량이 일직선상에서 운동(1차원 운동)하였다면 물체의 질량을 m, 충돌 전 속도를 v, 충돌 후 속도를 v'라고 할 때 각 물리량 사이에는 운동량보존의 법칙에 따라 다음과 같이 표현할 수 있다.

$m_1 v_1 + m_2 v_2 = m_1 v_1' + m_2 v_2'$

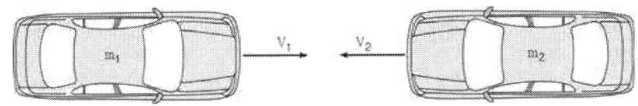

[그림 4-10] 운동량보존 법칙

② 충격량(impulse)

충격량은 충돌할 때 발생하는 충격력의 크기로서 물체에 작용하는 힘(F)과 시간(t)의 곱으로 표현된다.

$I = F \cdot \Delta t$

가속도의 법칙(뉴턴의 제2 법칙)에 따라 F= m·a이므로 여기에 $a = \frac{\Delta v}{\Delta t}$ 를 대입하면 F= ma = $m \frac{\Delta v}{\Delta t}$ 가 된다.

즉 충격량 I = F·Δt = m Δv 이므로 결국 충격량 크기는 운동량 변화량(m Δv)과 같게 된다.

③ 관성의 법칙과 손상의 발생
  ㉮ 관성(inertia)운동
    뉴턴의 운동 제1 법칙인 「관성의 법칙」이란, 외부로부터 어떠한 외력이 작용하지 않는 한 정지된 물체는 계속하여 정지 상태를 유지하려고 하고, 움직이는 물체는 계속하여 운동을 유지하려고 하는 성질을 가지고 있다. 예를 들어 주행 중인 자동차는 언제까지라도 주행을 계속하려고 하지만 이것을 급격하게 정지시키면 이에 관계된 부위 이외의 자동차의 제 장치, 부품 또는 승객, 적재 물품 등은 진행 방향으로 운동을 계속하려고 하게 된다. 이와 같은 운동을 일반적으로 「관성운동」이라고 한다. 따라서 사고 차량의 외관을 관찰하는 경우 다음과 같은 여러 사항을 구체적으로 조사하는 것이 중요하다.
    ⓐ 실내 물품과 승객과의 2차 충돌에 의한 손상 또는 흔적 유무 관찰
    ⓑ 적재 물품 등의 이동에 따른 2차 충돌에 의한 손상 또는 흔적 유무 관찰
    ⓒ 자동차의 제 장치, 부품 또는 그 구성부품의 이동에 의한 손상 또는 흔적 유무 관찰
    ⓓ 충돌의 영향으로 본래의 위치에서 분리되고 파손된 부품 또는 그 일부 부품의 이동상태 관찰
  ㉯ 관성력(뉴턴의 제2 법칙, 가속도의 법칙)
    자동차 사고에 있어 충돌이란 자동차가 다른 차량이나 다른 물체와 충돌하는 현상을 말하지만, 그 충돌 기간에는 접촉하고 있는 두 물체끼리 운동량이 교환되고 충돌 차량에는 속도 변화가 생기게 된다.
    역학에서는 단위 시간당 속도 변화를 가속도라고 정의하고 있지만, 여기에는 운동의 제2 법칙에서 정의하는 「운동방정식」에 의한 관성력에 관해서 서술해 보겠다.

    $$F = m \cdot a = \frac{W}{g} \cdot a = \frac{W}{g} \cdot \frac{v_2 - v_1}{v_1}$$

    F : 힘의 크기(kgf) v_2 : 충돌 후 속도(m/s)
    W : 충돌 차량의 총중량(kgf) t : 작용 시간(sec)
    m : 질량(kg) a : 가(감) 속도(m/s²)
    v_1 : 충돌 전 속도(m/s) g : 중력가속도(9.8m/s²)

    한편, 회전운동의 경우에는 관성모멘트(I)가 관성의 원인으로 작용하므로 힘(F) 대신에 회전력(T), 질량(m) 대신에 관성모멘트(I), 가속도(a)

대신에 각가속도(α)를 사용하여 다음과 같은 운동방정식으로 나타낼 수 있다.

T = I · α

ⓐ 질량(kg) : 물체(mass)의 관성 크기를 표시하는 양, 곧 물체에 작용하는 힘과 그에 의해 생기는 가속도와의 비를 나타낸다.

ⓑ 중량(W) : 무게, 지구상의 물체에 작용하는 중력의 크기, 그 질량의 표준중력가속도(weight) (9.8m/s²)를 곱한 양으로 나타낸다. 위 식에서 충돌 시의 관성력 F는 충돌 차량의 차량 중량과 충돌 시의 가(감)속도에 비례한다는 것을 알 수 있다. 따라서 위에 설명한 자동차부품 또는 장치, 승객, 적재 물품 등의 중량이 무거울수록 큰 관성력이 작용함을 알 수 있다.

㉰ 작용·반작용의 법칙(뉴턴의 운동 제3 법칙)

어떤 물체에 힘이 작용할 때는 반드시 힘의 크기가 같고 방향이 반대인 힘이 동시에 존재하게 되는데 이와 같은 힘의 관계를 작용·반작용의 법칙이라 한다. 충돌하는 양차 사이에서 발생하는 충격력(F)은 뉴턴의 운동 제3 법칙에 따라 F1 = F2이므로 충돌 때문에 발생하는 충격가속도(a)의 크기는 질량(m)의 역비례 관계가 된다.

따라서 양 차량의 차체구조와 강도가 같은 경우 손상상태(변형)의 정도는 강도가 약한 쪽으로 크게 나타나게 된다. 그림과 같이 두 물체가 충돌하면 운동의 제3 법칙인 작용·반작용의 법칙에 따라 차량 A는 차량 B를 밀고 차량 B는 움직이지 않으려고 저항하게 된다. 이경우 차량 A가 차량 B를 미는 힘과 차량 B가 차량 A를 미는 힘의 크기는 충돌 중의 어느 순간에도 같지만, 질량이 다른 소형차와 대형차의 경우라면 질량이 작은 소형차에는 더 큰 충격가속도가 발생하게 된다.

$F_1 = F_2 \rightarrow m_1 a_1 = m_2 a_2 \rightarrow \dfrac{\alpha_1}{\alpha_2} = \dfrac{m2}{m1}$

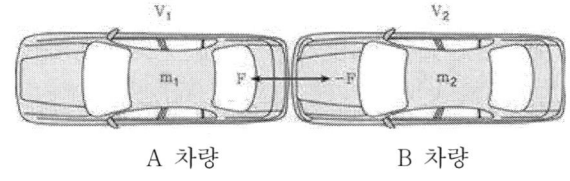

A 차량   B 차량

[그림 4-11] 가속도의 법칙

㉣ 운동량(momentum) 보존법칙

물체의 질량(m)과 속도(v)의 곱으로 표현되는 물리량을 운동량이라 하며, 운동량보존법칙은 '충돌 전 물체의 운동량 합은 충돌 후 물체의 운동량 합과 같다'로 정의된다. 따라서 충돌 전·후 두 차량이 일직선상에서 1차원 운동을 한다고 가정할 때 물체의 질량을 m, 충돌 전 속도를 v, 충돌 후 속도를 v'라고 하면 운동량보존법칙에 의해 각 차량의 물리량 관계는 다음과 같다.

$$m_1 v_1 + m_2 v_2 = m_1 v_1' + m_2 v_2'$$

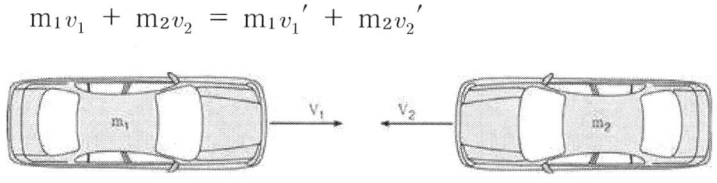

[그림 4-12] 운동량보존의 법칙

(마) 추돌사고와 차체 손상

동종의 차량 상호 간 추돌사고에 있어서 손상상태를 작용·반작용의 법칙에 적용하면 다음과 같이 집약된다.

① 동종의 차량 상호 간 추돌사고에서는 우선, 추돌 차량의 프런트 범퍼와 피 추돌 차량의 리어 범퍼가 충돌하게 되고, 양 차량의 범퍼 강도에 따라 손상 정도가 다르게 나타난다.

② 양 차량의 범퍼 강도가 거의 같은 경우에서의 추돌사고는 작용·반작용의 법칙에 따라 양 차량에 가해진 힘의 크기가 같으므로 쌍방의 범퍼에 나타난 손상 정도 역시 거의 같게 나타난다.

③ 범퍼만으로 충격을 흡수할 수 없는 충돌이면 바디까지도 손상이 진행되며, 만일 동종의 구조를 갖추고 있다고 하더라도 엔진 등이 탑재된 프런트 바디의 강도가 리어 바디보다 높다. 따라서 이경우 강도가 약한 리어 바디가 프런트 바디 보다 손상상태가 크게 된다.

(바) 범퍼의 종류와 강도

① 작용·반작용의 법칙을 활용하여 충돌에 의한 손상상태를 고찰하는 것은 매우 중요하다. 특히, 비교적 손상 빈도가 높은 범퍼와 차체에 대한 고찰이 중요하나 차체 강도에 관한 조사자료가 미흡한 상황이므로 범퍼의 종류와 강도와의 관계를 자세히 파악하여 외관적 관찰을 할 수밖에 없다.

② 범퍼의 종류

충격 흡수식 범퍼는 차체의 강도 부위에 1개의 레인포스먼트(강재)를 배치하고 우레탄 수지제의 표피와의 사이에 충격흡수재로서 쇼크 업소버를 장착한 형태로 구성되어 있으며, 충돌 속도 5mi/h(8km/h)까지의 가벼운 충돌은 범퍼가 자체적으로 충격을 흡수하는 기능이 있다. 충격 흡수식 범퍼의 손상 특성은 충돌 순간에는 일시적으로 변형되지만, 충돌 후에는 서서히 본래의 형태로 복원된다는 것이다. 그러나 충돌에 의한 충격이 커지면 표면손상, 변형, 균열 등 손상이 확대되게 된다.

(사) 손상과 가공경화

강판이 꺾여 구부러지면 그 부분은 딱딱하고 강하게 되는 성질이 있다. 이와 같은 현상을 가공경화라 한다. 외관적 관찰을 함에 있어 사고에 의한 손상(변형)이 발생한 부분은 딱딱하게 강해진다는 사실에 특히 주목해 둘 필요가 있다.

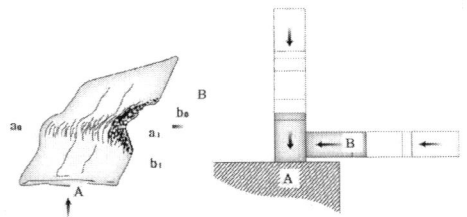

[그림 4-13] 손상과 가공경화

위 그림은 후드 패널이 전방과 측방으로부터의 충격으로 a_0-a_1과 b_0-b_1간에 각각 변형이 발생한 것을 나타낸 것으로 어느 방향이 먼저 충돌했는가를 가공경화에 대한 지식을 활용하여 충돌에 의한 입력순서를 조사해 보자.

💡 결과
① 1차 충돌 : B 방향(가공경화가 b_0-b_1간에 많이 발생하였음)
② 2차 충돌 : A 방향

(아) 부착물

자동차가 다른 물체와 충돌할 때는 충돌물체와의 직접 손상뿐 아니라 후발 손상이 동반되는 경우가 많다. 이러한 손상은 사고 순간에 발생하는 것과 시간이 지남에 따라 나타나는 것이 있는데 전자가 부착물이며, 후자는 녹의 진행 등을 들 수 있다.

① 부착물

 콘크리트 가루, 수목 조각, 타이어 자국, 각종 상대 물체의 파편, 도료, 플라스틱 피막 등이 있다. 특히 플라스틱 피막의 경우 상대 물체의 소재가 엷게 늘어난 색조로 나타나게 되는 데 관찰하는 경우 주의가 요구된다.

 ㉮ 착색부품의 피막 : 회색의 반투명제

 ㉯ 무색부품의 피막 : 무색의 반투명제

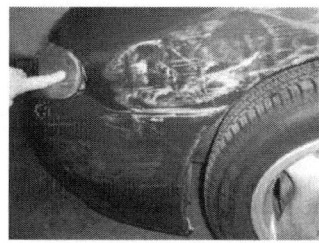 

[그림 4-14] 자동차에 부착된 피막

② 녹(패널의 부식)

 사고 차량의 외관적 관찰 중에서 녹을 조사, 확인하는 것은 대단히 중요하다.

 ㉮ 입회하는 경우 착안점

  ⓐ 사고 일자로부터 입회 일자까지의 지난 기간의 녹슨 상태

  ⓑ 복수 사고의 경우 손상에 의한 관련 부품들의 부식 상태

 ㉯ 차량의 패널 부위에 진행된 부식 상태 사진

[그림 4-15] 자동차 부식 상태

(자) 녹의 생성

 ① 대기환경

  ㉮ 건성 부식 : 환경에 수분이 없다.

  ㉯ 습성 부식 : 환경에 수분이 있다.

  ㉰ 전원 환경 : 대기가 쾌적하다.

  ㉱ 해안 환경 : 염분 등을 함유하고 있다.

  ㉲ 공업(도시적)환경 : 여러 종류의 먼지, 유해가스 등을 포함하고 있다.

② 금속재료의 조직과 녹의 진행

자동차 차체 외판패널에는 연강, 즉 무른 철에 탄소가 소량(0.12%) 함유된 극연 강이 사용된다.

㉮ 탄소 함유량과 녹의 생성 : 탄소 함유량이 많을수록 녹슬기 쉽다.
㉯ 금속조직과 녹의 생성(녹슬기 쉬운 조직부터)

austenite → martensite → ferrite → sorbite → troosite

(차) 응력과 녹의 발생

일반적으로 철강 재료는 외부로부터 응력을 받은 부분이 다른 부분보다 대단히 녹슬기 쉬운 경향이 있다. 따라서 사고에 의해 손상을 입어 변형이 발생한 부분은 가공경화가 진행되고 다른 부분보다 녹슬기 쉬우므로 사고차량의 외관적 관찰 시 이것을 충분히 숙지하는 것이 필요하다.

(4) 외관적 관찰의 단계

(가) 피드백(feed back)

피드백이란 조사를 통해 확보한 결과를 종합적으로 현재 나타나 있는 현상에 대응시켜 보는 것을 의미하지만 표에서와같이 정확하게 면·부책을 결정하는 자세를 지향하는 것이기도 하다.

[면·부책 결정의 피드백기구]

<표 4-3> 면·부책 결정 과정

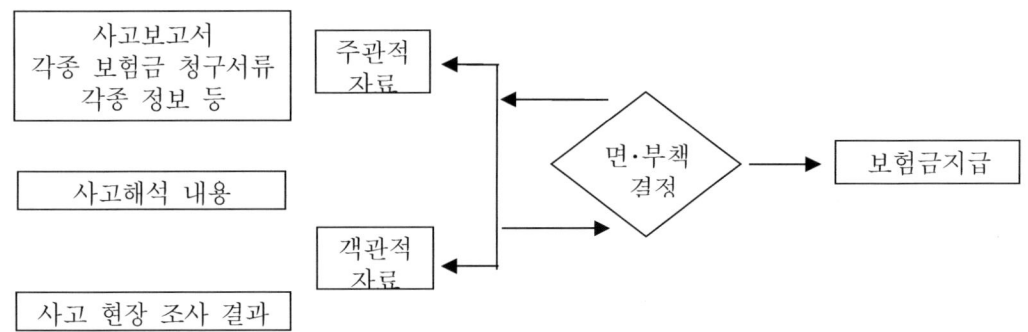

(나) 정보수집

정비업체에서 수집해야 할 정보 내용은 다음과 같다.
① 사고 차량의 입고 일자와 그 상황
② 사고일시
③ 사고 장소
④ 사고 상황 등

(다) 외관적 관찰기법
① 사고 전반에 대한 파악

<표 4-4> 외관적 관찰 과정

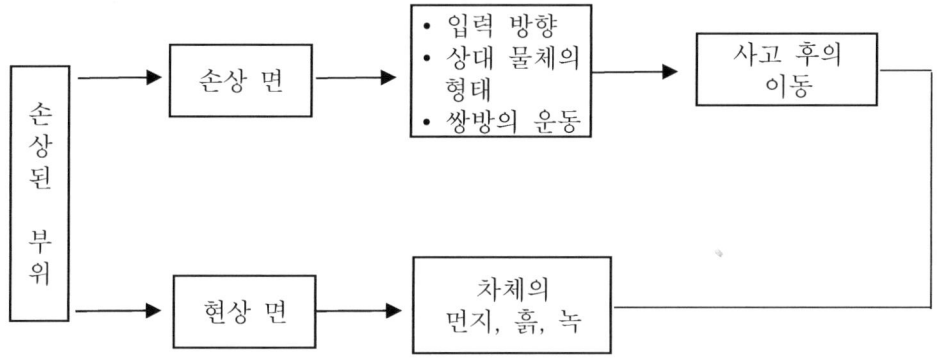

② 손상 면의 거시적 관찰

[그림 4-16] 손상 면의 거시적 관찰

㉮ 차량 전체를 관찰한다.
  차량 전체를 볼 수 있는 위치까지 떨어져서 충격을 받은 곳으로부터 충격의 크기, 방향을 추정한다.
㉯ 차량 세부 관찰

③ 현상 면의 거시적 관찰
㉮ 차체 전체에 진흙, 먼지 등이 부착되어 있는지 등을 관찰한다. 이경우 사고발생일과 사고조사일 사이의 기상 조건, 사고 당일의 날씨 등도 확인하는 것이 바람직하다.
㉯ 차체의 손상부에 나타나 있는 녹의 발생 상태를 관찰한다.

④ 손상 부위를 확인하는 경우 고려하여야 할 사항
　㉮ 충돌 상대물
　　무엇과 충돌한 것인가? 대상의 크기, 형태, 위치, 강도 등
　㉯ 충돌 시의 속도
　　자차 및 대차의 충돌 당시 속도
　㉰ 충돌 시의 각도
　　자차 및 대차의 충돌 각도, 방향
　㉱ 충돌 시의 승차 인원 및 승차 위치
　㉲ 적재물 유무
　　적재물의 크기, 형태, 각도 등

7. 차량사고 종류 및 특징

가. 차량사고 종류

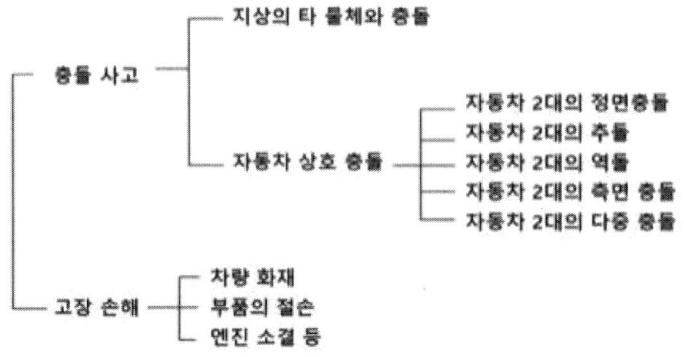

나. 사고 형태별 특징

(1) 충돌사고

충돌사고는 진행 중인 차량의 앞부분과 상대 물체 또는 상대 차량의 앞부분이 서로 마주 보는 형태로 충격하는 사고를 의미한다. 정면 충돌사고의 경우, 충돌 차량과 상대 물체(차량)의 상호 간 운동량 교환 크기(속도 변화)에 따라 손상 형태가 달라지며, 다음과 같은 특징이 있다.

(가) 손상상태가 심하므로 손해액이 커진다.

(나) 탑승자에게 큰 상해가 동반되는 경우가 많다.

(다) 소형 차량은 대파되어 전손이 발생한다.

(2) 추돌사고

추돌사고는 차량의 앞부분으로 상대 차량의 뒷부분을 충격하는 사고를 의미하며, 추돌사고가 발생하면 뉴턴의 제1 법칙인 관성의 법칙에 따라 추돌당한 차량의 탑승자가 부상(경추·요추 염좌 등)을 입는 경우가 많다. 대체로 자동차 사고의 경우 탑승자에게 발생하는 상해는 다음 두 가지로 크게 분류할 수 있다.

(가) 외상

주로 실내 구성부품과의 2차 충돌로 발생

(나) 외상을 수반하지 않는 상해

① 외상을 수반하지 않았지만, 충격 때문에 신체 일부가 변위를 일으킴으로써 발생하는 경우이며, 자동차 사고에서 흔히 발생할 수 있는 탑승자의 상해라고 말할 수 있다.

② 추돌을 당한 경우, 「머리 동작」은 그림에서 보는 바와 같이 그 속도 변화가 커지면 우선 ①과 같이 머리 부위는 뒤로 젖혀졌다가 바로 ②~③과 같이 숙이는 현상이 나타나게 되어 결국 탑승자의 경추부에 이상이 발생하는 것이다.

「자동차 안전기준에 관한 법칙」 제26조(머리 지지대) 규정에 따라 승용자동차, 차량 총중량 4.5톤 이하의 승합·화물·특수자동차에는 추돌시 승차인의 머리 부분 충격을 감소시킬 수 있는 머리 지지대 설치가 의무화되어 있다.

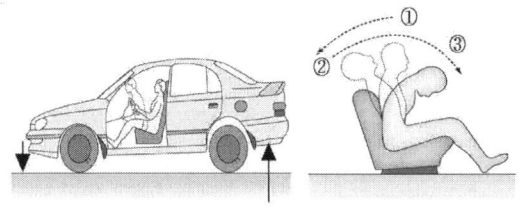

[그림 4-17] 외상을 수반하지 않는 상해

(3) 역돌 사고

역돌 사고는 차량이 후진하면서 차량 뒷부분으로 상대 차량 또는 물체를 충격하는 사고를 의미한다. 역돌 사고의 경우에는 양 차량이 모두 대물배상 보험에만 가입되어 있고 자기 차량 손해 보험에는 가입되어 있지 않은 상태이거나, 역돌 차량은 자기차량손해 보험에 가입되어 있으나 상대 차량은 자기차량손해 보험에 가입되어 있지 않은 상황에서, 자기차량손해 또는 대물배상 보험에만 가입된 차량이 자기 차량 손해 보험에 가입되어 있지 않은 차량을 역돌한 사고로 보험회사에 사고를 접수한 후 보험처리를 요구하는 사례가 있으므로, 사고조사에 특히 주의를 기울여야 한다.

(가) 역돌 사고 특징

    역돌 사고의 경우, 자기차량손해보다는 대물배상으로 접수되어 보험처리를 요구하는 사례가 많으므로 위장사고의 개연성이 높다.

(나) 역돌 사고의 초기대응

    ① 사고 장소가 구내사고 또는 도로에서의 사고 여부를 확인
    ② 피해 차량의 손상이 차체 전면부에 발생하고 있는 경우는 특히 주의

(다) 추돌 또는 역돌 사고 판단요령

    ① 추돌사고 : 파편(window glass)이 차내에 적게 남아 있음
    ② 역돌 사고 : 파편(window glass)이 차내에 많게 남아 있음

(라) 역돌 사고 위장사례

    ① 위장사고 개요

        가해자인 덤프트럭이 후진하다가 운전 부주의로 정차 중인 피해 차량(덤프트럭)의 앞부분을 역돌하여 사고 발생한 것으로 접수됨

    ② 조사 착안점(피해 차량 중심)

        ㉮ 윈도 유리 파편이 앞으로 튀어나온 점
        ㉯ front spring이 앞으로 밀려난 점
        ㉰ 연료탱크가 앞으로 밀려난 점
        ㉱ 배터리가 앞으로 밀려난 점
        ㉲ 달리는 속도에 의한 관성으로 spring U bolt의 이음 부분이 앞으로 밀린 점

    ③ 조사 결과

        위 현상들은 관성에 의해 나타나는 것이며, 뒤 차량이 앞으로 진행하다가 추돌한 경우가 아니면 이러한 현상은 나타나지 않는다. 본 건 사고는 양 차량 모두 대물배상에만 가입된 상황에서 뒤 차량이 앞 차량을 추돌하였으나, 앞 차량에 손해가 없는 것을 기회로 역돌 사고로 위장 접수한 사고이다.

(4) 다중추돌 사고

다중추돌 사고는 상대 물체 또는 상대 차량과 한 차례 충돌이 아닌 최소한 두 차례 이상 충돌하는 사고를 의미하며, 다중충돌 사고에서 주로 많이 나타나는 사고 유형은 다음과 같다.

(가) 연쇄추돌 사고

진행 중인 차량이 뒤따라 진행하는 차량으로부터 추돌을 당하면서 충격 때문에 밀려 나가 그 앞 차량을 연이어 추돌하는 사고 형태를 의미한다.

(나) 복수 추돌 사고

진행 중인 차량이 그 앞 차량을 추돌하는 1차 사고가 발생한 상태에서 뒤따라 진행하는 차량이 1차 추돌사고를 일으킨 차량의 뒷부분을 추돌함으로써 추돌당한 차량이 그 앞 차량을 다시 추돌하는 사고 형태를 의미한다.

(다) 사고 형태 구별 요령

다중 추돌사고의 경우에는 사고 형태에 따라 손해배상의 범위가 많이 달라진다.

① 손상 정도(크기)를 확인하는 방법

연쇄추돌 사고를 당한 B 차량의 뒷부분과 앞부분의 손상 정도를 비교해 보면, 뒷부분의 손상 심하기가 앞부분의 손상 심하기보다 훨씬 크게 나타난다. 복수 추돌사고가 발생한 A 차량과 B 차량의 구조와 강도가 서로 같은 수준이라고 가정할 때, 연쇄추돌 사고와는 다르게 B 차량의 앞부분 손상 심하기와 A 차량 앞부분 손상 심하기가 비슷한 정도로 나타난다.

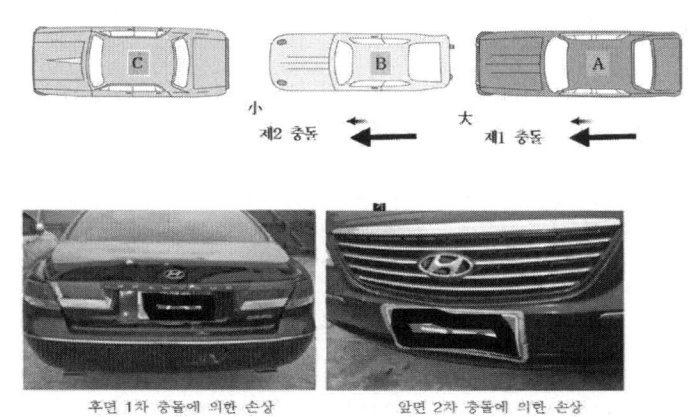

[그림 4-18] 연쇄추돌 사고

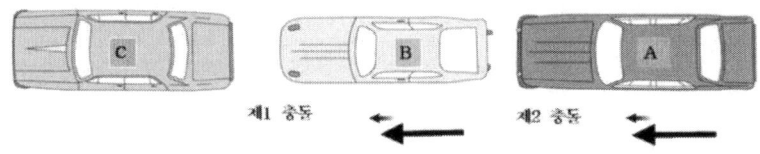

[그림 4-19] 복수 추돌사고

② 연쇄추돌 사고의 마지막 차량 탑승자(A)로부터 받은 충격 횟수를 파악하는 방법

연쇄 추돌 사고의 마지막 차량인 C 차량의 탑승자가 사고 당시 1회의 충격을 받았다면 연쇄 추돌 사고로 해석하고, 2회의 충격을 받았다면 C 차량 바로 뒤에서 진행하던 B 차량이 추돌할 당시 1회의 충격을 받은 상황에서, 계속해서 마지막에 추돌한 A 차량의 충격으로 B 차량에 전달된 충격이 다시 C 차량에 전달됨으로써 C 차량의 탑승자는 2회의 충격을 받은 것이므로 복수 추돌사고로 해석한다.

제2절 ♠ 손상진단

1. 손상진단의 목적

자동차 사고에 의해 발생하는 손상은 그 사고 형태와 차량의 종류(구조)에 따라 현저하게 다르다. 바디 외판에 주로 발생하는 경미한 접촉사고로 인한 손상으로부터 바디 각 부분과 기능 장치까지도 영향을 주는 대형 손상, 더욱이 전륜구동(F·F) 차량과 고성능 차량에서 볼 수 있는 구조 및 장치의 앞부분 집중화에 따른 손상 부위의 확대 경향 등에 이르기까지 매우 복잡다단하게 나타난다.

그리고 이러한 손상은 시각과 촉각을 이용하여 쉽게 파악할 수 있는 예도 있지만, 계측/분해/검사 등을 하지 않고서는 확인할 수 없는 때도 있다. 따라서 견적서 작성의 중심이 되는 작업 항목과 교환부품을 결정함에 있어서는 차량의 손상 부위 및 범위를 정확히 진단·확인하는 것이 중요하므로 손상진단의 의미는 매우 크다고 할 수 있다.

2. 자동차 손상의 주요형태

가. 자동차 사고에 의한 손상

나. 화재, 침수, 태풍, 해일 등에 의한 손상

다. 사용으로 인한 자연 마모 등의 손상

라. 보수, 정비의 결함으로 인한 손상

마. 제조과정에서의 가공, 조립 또는 재료 등의 결함에 기인한 손상

3. 손상의 발생과 판단의 기본요건

사고로 인한 자동차의 손상은 소성 충돌에 의한 손상으로서, 자동차가 일정 속도 이상으로 진행하다가 타차 또는 타 물체와의「충돌」이라는 기계적 부하를 받게 되면 손상이 생기게 된다. 즉 손상을 발생시키는 조건은 주행 중인 자동차가 가지고 있는「운동에너지」와 타 물체와의「충돌」이라는 현상에 의해 충돌 순간의 에너지 소비(충격력)가 차량과 타 물체인 구조물에 작용하여 손상이라는「일」을 한 결과라고 생각할 수 있다. 따라서 사고 부위의 형태는 자동차의 구조 및 강도와 충격력이 가해지는 힘의 크기에 따라 각각 다르게 나타나게 되는 것이다.

4. 자동차 충돌손상의 종류

손상이란 이론적으로 재료의 '응력-변형 선도'에 나타난 소성변형 영역 내에서 발생하는 것으로 생각되지만, 재료의 종류에 따라서는 탄성변형 및 파손, 절단의 손상을 가져오는 때도 있다.

가. 충격력이 작용한 경로에 따른 분류
(1) 직접 손상
　타 물체(차량 등)와의 충돌(추돌) 또는 접촉 때문에 외력을 직접적으로 받은 차량의 각 부위에 발생한 손상을 의미한다.
(2) 간접손상
　차량에 작용한 외력이 직접 손상 부위를 지나 다른 부위까지 전달됨으로써 발생한 손상을 의미한다.
(3) 파급손상
　차량의 직접 손상 부위에 외력이 압축 응력으로 작용할 때, 주변 패널이나 멤버가 압축 응력이 작용한 부위 방향으로 꺾이거나 반대 방향으로 꺾어짐으로써 발생한 손상을 의미하며, 주로 용접으로 부착된 패널이나 멤버 등에 발생한다.
(4) 유발손상
　차량에 작용한 외력에 의해 직접 손상 및 파급손상 등이 발생하면서 부품 상호 간 또는 패널 상호 간 당긴 작용이나 누름 작용 등에 의해 볼트로 체결된 차량 부품 등에 주로 발생하는 손상을 의미한다.
(5) 관성 손상(2차 손상)
　충돌 당시의 급격한 속도 변화로 인해 탑승자, 적재 물품, 차체에 부착된 부품 등이 관성운동에 의한 이동으로 차량 실내 또는 바디와 2차로 충돌하여 발생하는 손상

[그림 4-20] 간접손상과 관성 손상

나. 차체 강판의 성질에 의한 분류
 (1) 탄성변형

   도어나 펜더의 표면을 손으로 가볍게 누르면 변형되어 약간 들어가는 현상이 나타나지만, 손을 떼어 힘을 제거하면 변형되었던 부분이 원래의 상태로 되돌아온다. 이 같은 변형을 「탄성변형」이라고 말하며, 이때 되돌아오려는 성질을 「탄성」이라고 한다.

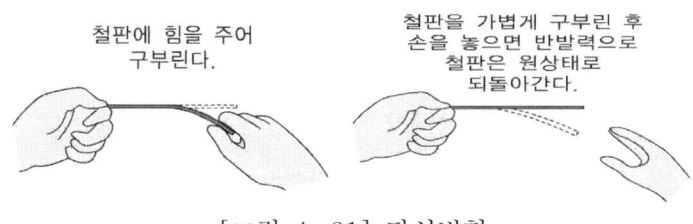

[그림 4-21] 탄성변형

 (2) 소성변형

   도어나 펜더의 표면을 손으로 가볍게 눌렀다 떼면 원래의 상태로 되돌아오지만, 더욱 힘을 가해 강하게 누르면 패널이 변형되어 손을 떼어도 원래의 상태로 되돌아오지 않고 변형이 남는다. 이것을 「소성변형」이라고 하며, 변형된 채 원래의 상태로 되돌아오지 않는 성질을 「소성」이라고 한다. 강판을 구부렸다가 손을 떼는 순간 되돌아오는 현상을 「스프링 백」이라고 한다.

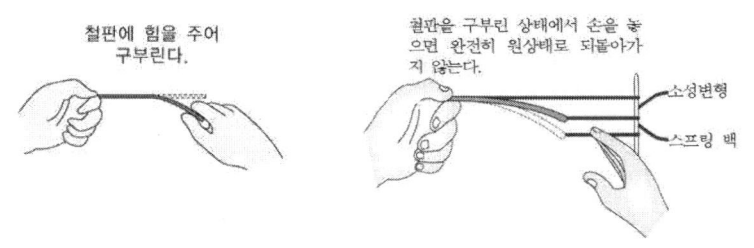

[그림 4-22] 소성변형

 (3) 응력변형 선도
  (가) 일반 강철

    응력변형 선도는 규정의 규격으로 가공한 재료(시편)를 인장 시험기에서 잡아당겨 파괴되기까지의 과정을 도표화 한 것이다. 선도는 점 O에서 점 A까지 직선으로 시작되며, 이것은 응력과 변형률이 비례하고 있다는 것을 의미한다.

A점을 지나서는 응력과 변형률 사이의 선형적인 관계가 없어지는데, 이때 A점에서의 응력을 비례한도라 하고, 원점 O에서 A점까지 직선의 기울기를 탄성계수라 한다.

비례한도를 넘어 하중을 계속해서 증가시키면 변형률이 응력의 증가분보다 훨씬 빨리 증가하기 시작한다. 응력변형 선도는 곡선이 수평으로 되는 점 B에 도달하게 되면 이 지점부터는 인장력의 향상이 거의 없더라도 신장은 계속 일어나게 된다(B-C). 이런 현상을 재료의 항복이라고 하며, B점을 항복점이라고 한다. B점에서 C점까지는 재료가 완전소성 상태가 되어 작용하는 하중의 증가가 없어도 변형이 일어나게 된다. B-C 영역의 항복 과정 중 큰 변형률이 생긴 후에는 변형경화가 시작되는데, 이때 재료는 변형에 대한 저항력이 향상된다.

따라서 인장력을 계속 가하게 되면 재료의 변형이 생기면서 하중은 최대치에 도달하게 되며, 이때의 응력을 극한응력이라 하고, 이 점을 넘어서면 하중이 감소함에도 시험재료의 인장은 계속되어 E점에 이르러 파괴가 일어난다.

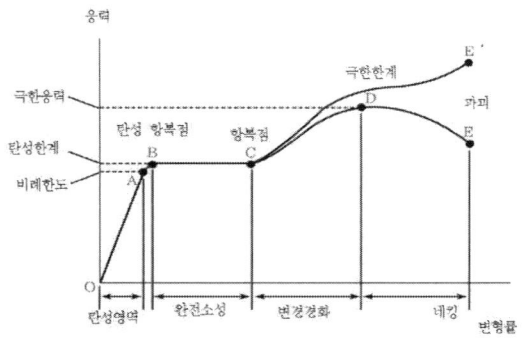

[그림 4-23] 응력변형 선도

(나) 알루미늄 합금

알루미늄 합금의 경우 연성은 높은 편이나 확실한 항복점을 갖지 않는다. 알루미늄 합금의 전형적인 응력변형률 선도는 다음 그림과 같다.

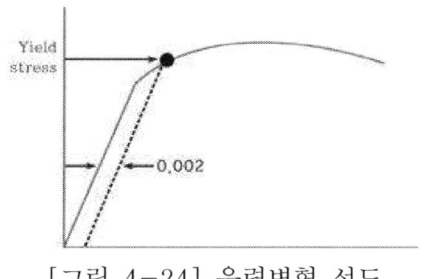

[그림 4-24] 응력변형 선도

(4) 가공경화

강판을 늘리거나 줄이는 작업을 하면 소성변형을 일으켜 재질이 단단해지는 데 이러한 현상을 '가공경화'라 하며, 재료가 소성변형을 하는 경우 반드시 발생한다.

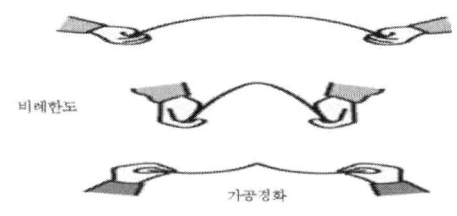

[그림 4-25] 가공경화

위 그림은 가공경화를 설명한 것으로서, 똑바른 철사를 탄성한계를 넘어서 구부렸다가 다시 펴기를 해도 구부러져 접혔던 부분이 원래의 상태대로 돌아오지 않고 각이 되어 남아 있다. 이러한 현상은 소성변형 되었던 부분이 경화되어 다른 부분보다 강해졌다는 것을 의미한다.

차체 패널을 프레스 성형할 때나 충돌사고 등에 의해 변형되었을 때, 해머링으로 수정할 때도 강판에 가공경화가 발생한다.

(5) 열 변형

강판은 열의 영향을 받게 되면 팽창, 수축, 연화, 경화 등의 현상이 발생한다. 따라서 이러한 현상을 효과적으로 이용하게 되면 손상 차량의 복원 수리를 빨리 진행할 수 있고 작업시간도 줄일 수 있게 된다.

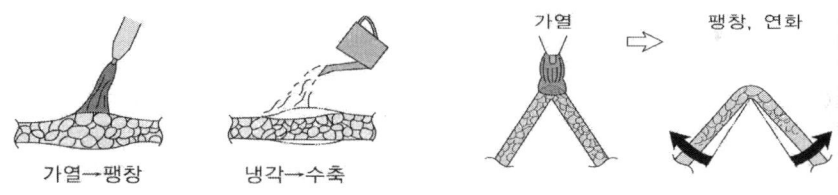

[그림 4-26] 열 변형

(가) 팽창, 수축

강판은 가열하면 늘어나고 냉각하면 수축한다. 가열에 의한 패널의 수축작업은 이러한 현상을 이용한 것으로서, 충돌로 인하여 변형된 부분(늘어난 부분)을 고온으로 가열하여 팽창시킨 후 급랭하면 가열 전의 상태보다 수축된다.

(나) 가공경화 제거

패널의 가공경화는 열처리로써 제거될 수 있으며, 변형으로 인한 가공 경화된 부분을 가열하는 경우 연화 및 연화시키는 것에 의해 감소하였던 탄성력을 회복시켜 원래의 상태로 되돌리는 방법이 있다. 즉 강판은 가열하면 팽창함과 동시에 연화된다.

가공 경화된 부분을 제거하는 기법은 이러한 성질을 이용한 것으로서, 가열 후 천천히 식히는 것을 서랭이라고 한다.

(6) 열처리 작업

(가) 담금질 : 강판을 약 800℃ 전후로 가열하여 물이나 기름에 급랭하는 방법으로 강판이 단단해진다.

(나) 풀림 : 소성가공으로 인하여 가공 경화된 강판을 연화시켜 원래의 상태로 되돌리기 위해 일정온도 이상으로 가열(약 700~800℃)하였다가 서서히 냉각시켜 가공경화 현상의 내부 응력을 제거하는 작업을 말한다.

(다) 뜨임 : 강판 내부의 불안정한 조직을 600℃ 전후 온도로 가열 후 서서히 냉각하여 강판에 질긴 성질(인성)을 부여하는 작업을 말한다.

(라) 불림 : 단조 등에 의하여 가공된 것은 강판의 조직이 일정하지 않고 거칠어져 있으므로 풀림 온도보다 조금 높게 가열(약 800~900℃)한 후 서서히 냉각시켜 조직을 표준화하는 작업을 말한다.

다. 외관에 의한 분류

신장, 찌그러짐, 꺾임, 잘림, 구부러짐, 요철 등

예를 들어, 다음의 그림과 같이 크게 손상된 패널은 A 부의 소성변형을 제거해 주면 강판의 자체 탄성으로 인하여 원래대로 되돌아온다. 따라서 패널의 수정에 있어서는 탄성의 성질을 유효하게 이용하는 것이 중요하다.

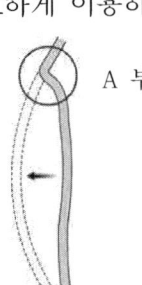

[그림 4-27] 소성 변형된 패널

라. 사고유형별 손상
 (1) 지상 고정물체와의 충돌
    차량이 지상에 고정된 물체와 충돌하면 상대 물체의 크기, 재질, 형태에 따라 사고 차량에 나타나는 손상은 커다란 차이가 있다.
    (가) 충격력 입력 방향이 차량의 중심인 경우
        충격력이 차체 중심으로 가해져 차량 운동에너지 전부가 소비된 사고에서는 충돌 부위가 뒤로 밀린 형상의 손상이 나타나고, 상대 물체의 형태가 손상 부위에 나타나게 된다.
    (나) 충격력 입력 방향이 차량의 중심이 아닌 경우
        충격력 입력 방향이 차량의 중심이 아닌 편심 충돌이면 차량이 중심을 잃고 회전운동을 하게 되고, 차체에는 상대 물체와의 마찰에 의한 손상이 발생하게 된다.

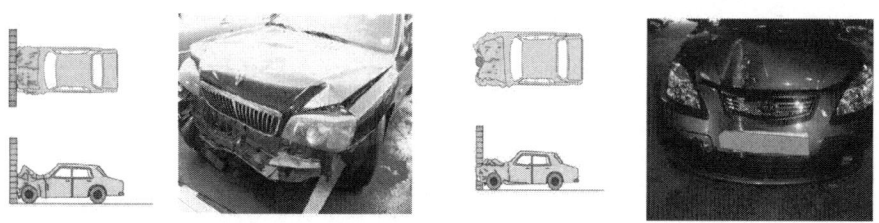

[그림 4-28] 고정물체 충돌

 (2) 차량 상호 간의 충돌
    (가) 정면충돌
        정면충돌 상황에서는 양 차량의 중심이 동일선상에 있게 되므로 양 차량 모두 차체의 앞부분이 뒤로 밀리는 손상이 발생한다.

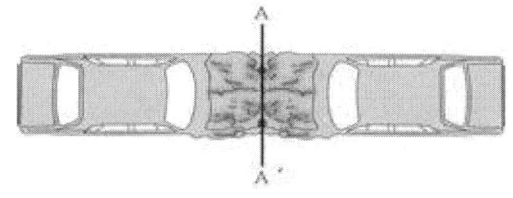

[그림 4-29] 완전 정면충돌(전면 100% 오버랩)

(나) 편심 정면충돌

손상 방향이 전면부에서 후면부로 나타난다.

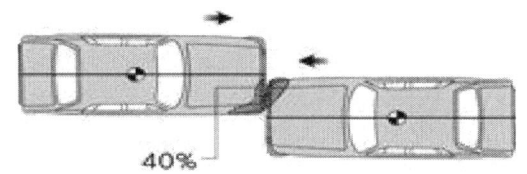

[그림 4-30] 편심 정면충돌(전면 40% 오버랩)

(다) 추돌

추돌 차량에 나타나는 손상은 정면충돌과 거의 같은 경향으로 나타난다.

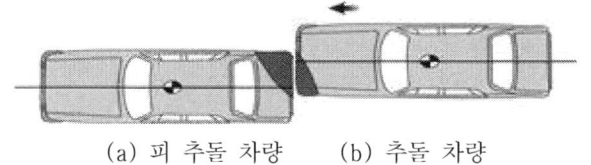

(a) 피 추돌 차량   (b) 추돌 차량

[그림 4-31] 편심 추돌(후면 40% 오버랩)

(라) 측면충돌

90° 직각 방향이나 경사진 방향에서 양 차량이 충돌하는 사고의 경우, 양 차량 모두 차량 운동에너지가 소진될 때까지 병진운동과 회전운동을 하면서 진행하게 된다.

① 직각 충돌
- 차량 a가 차량 b에 직각으로 충돌하는 경우, 충돌 순간 발생한 마찰력에 의해 차량 a의 앞부분이 차량 b의 진행 방향으로 변형되는 손상이 생긴다.
- 피해 차량인 b의 우측 옆 부분에는 종축 방향으로 손상이 생긴다.

② 경사 충돌

충돌 후 운동에너지가 남아 있는 경우, 양 차량은 회전하면서 진행하거나 또 다른 2차 충돌을 하게 된다.

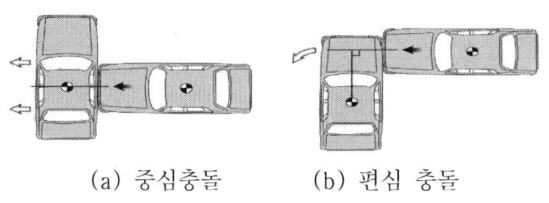

(a) 중심충돌   (b) 편심 충돌

[그림 4-32] 측면충돌

(마) 다중충돌

다중충돌 사고에 의한 손상 형태는 복잡하고 다양하므로 충돌 상대물 과의 충돌 부위 및 충돌 횟수와 차량의 진행 상태 등을 고려하여 손상상태를 파악하여야 한다.

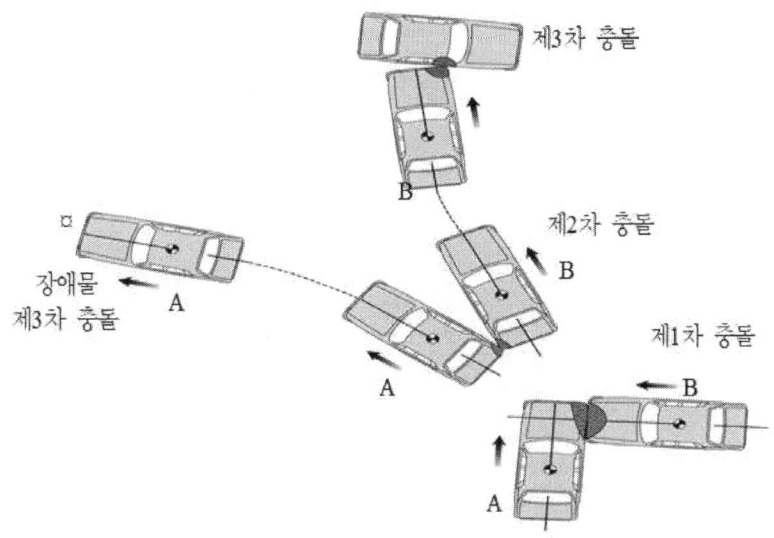

[그림 4-33] 다중충돌 사고

(바) 기타 충돌사고

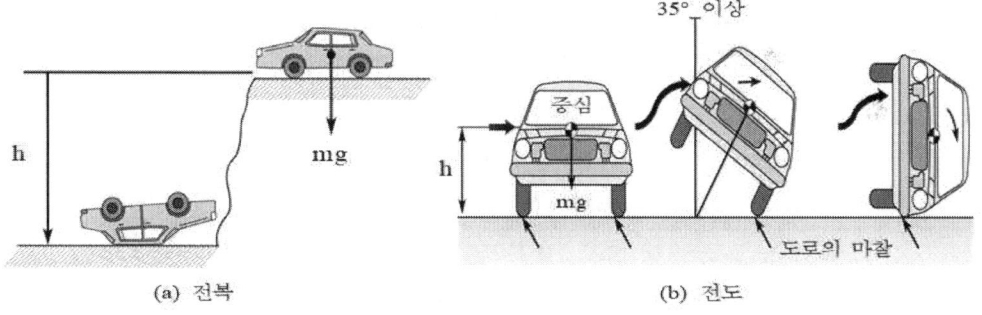

[그림 4-34] 기타 충돌사고

5. 손상진단 기법

가. 손상상태의 파악

(1) 손상진단의 기초

(가) 손상상태의 파악을 위해서는 사고 형태와 자동차의 운동 상태에 대한 조사가 선행되어야 한다.

(나) 자동차 사고에 의해 발생한 손상상태는 다음 여러 가지 요소에 따라 각각 다르게 나타난다.

① 충돌 상대물
② 충돌 당시 속도
③ 충돌 위치(각도)
④ 충돌 당시 관성

(2) 손상진단의 실무상 적용(5W 1H)

(가) 언제(when) : 사고발생일
① 관찰 유의점 : 손상 부위 및 기능 부품 등의 녹슨 상태, 차 내외의 오염, 먼지 등의 부착상태
② 실무적용 포인트 : 당일 사고 여부

(나) 어디서(where) : 사고 발생 장소, 도로 상황, 기후
① 관찰 유의점 : 손상 부위 및 차내·외의 부착물
② 실무적용 포인트 : 사고 장소 위장 여부

(다) 누가(who) : 사고 발생 시의 운전자, 동승자의 수
① 관찰 유의점 : 충돌 후 관성 작용이 수반된 2차적 손상의 여부
② 실무적용 포인트 : 운전자 바꿔치기 여부

(라) 무엇을(what) : 사고 상대(사람, 차, 물건)
① 관찰 유의점 : 손상 정도와 그 상태의 분석, 손상 부위의 높이, 부착물
② 실무적용 포인트 : 파손 부위와 사고와의 인과관계 확인

(마) 왜(why) : 사고 발생 원인
① 관찰 유의점 : 원인에 따른 구조, 기능상의 고장 유무
② 실무적용 포인트 : 고장손해 여부

(바) 어떻게(how) : 사고 발생 당시의 사람, 차, 환경 등의 상태
① 관찰 유의점 : 직접 손상과 간접손상 등의 관련성 조사
② 실무적용 포인트 : 1, 2차 충돌 여부, 관성 손상 여부

(3) 사고 차량의 관찰
   (가) 외관의 관찰
   (나) 내판, 골격의 관찰(충격의 입력, 파급경로에 따른 점검)
   (다) 구조적 측면에서의 관찰
   (라) 계측에 의한 파악
   (마) 손상 형태에 의한 파악

(4) 사고 차량의 관찰 방법
   (가) 차량을 둘러보고 해당 사고에 의한 손상과 그 외의 손상 여부를 관찰한다.
   (나) 차량의 전후에서 차량 전체를 시야에 넣고 관찰한다.
   (다) 차량 외부를 전(후), 좌우 측면방향, 좌우 경사 45° 방향 등에서 관찰한다.
   (라) 인접한 외판패널 간 간격의 변화 여부를 관찰한다.

[그림 4-35] 인접 외판패널 손상

   (마) 충격이 가해진 부위를 관찰하고, 힘의 3요소와 중심의 관계에서 손상의 파급 상황을 고찰한다.
   (바) 후드, 도어, 트렁크 등을 열거나 바디를 올려 내부손상을 확인한다.

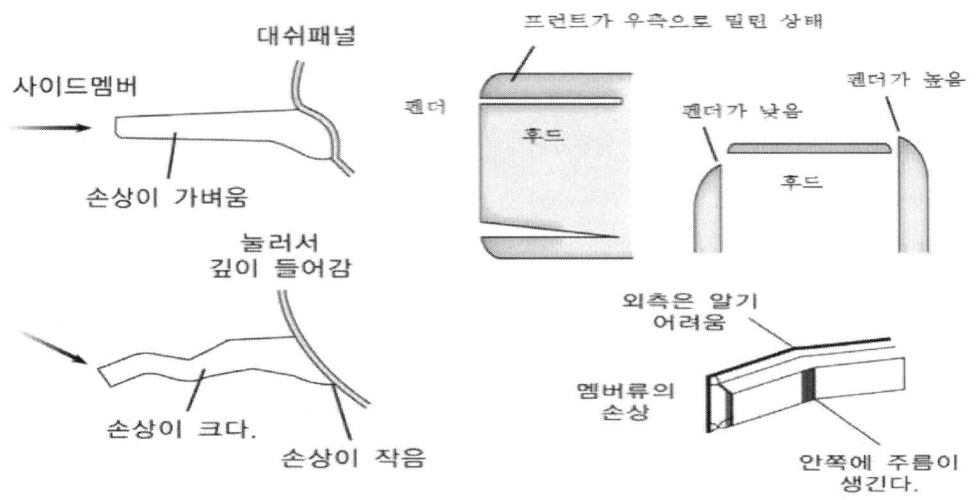

[그림 4-36] 인접 내·외부 패널 손상

(사) 탑승자 또는 적재 물품에 의한 관성 손상 여부를 관찰한다.
(아) 계측 가능한 골격 부위는 계측하여 관찰 결과를 보완한다.

<표 4-5> 충돌 요소별 손상진단

충돌 요소	손상진단의 요점
충돌 상대물	「무엇과 충돌했는가?」 차량에 발생한 직접 손상 부위의 손상 형태, 흔적 등을 분석한다.
충돌 속도	「충돌 시의 차량 속도는 대략 몇 km/h 정도인가?」 손상의 정도와 범위를 좌우하는 요소인 직접 손상 부위의 변형된 양으로 추측한다.
충돌 위치	「외압의 작용점과 방향(각도)은?」 손상파급 경로를 따라 확인한다.
충돌 시의 관성	「관성 작용점(부위)에 관한 이차적 손상의 여부」 손상범위를 결정하는 요소인 차량 속도, 사고 당시 탑승 인원, 적재 물품의 종류, 구동 방식(F·F, F·R) 등의 요건에 따라 분석, 확인한다.
다중충돌	「입력 수와 입력순서」 동일사고에 의한 손상범위를 결정하는 요소로서, 각각의 직접 손상 부위의 상태와 사고 형태의 상관관계를 분석, 확인한다.

나. 바디의 손상진단
(1) 바디의 재료 및 외판패널
자동차의 바디는 생산성이나 외관, 안전성, 가격 등의 여러 가지 조건을 만족시키기 위해 여러 종류의 재료로 구성되어 있으며, 0.6~2.5mm 정도의 박강판을 주로 사용한다.
(가) 강판의 종류

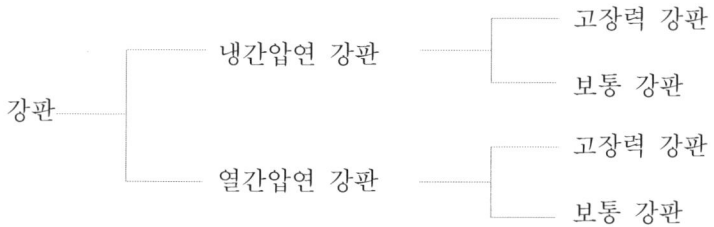

① 냉간압연 강판 : 강판을 열간 압연한 후 다시 냉간압연을 시키면 판 두께의 정밀도 및 표면 품질 등이 우수하고, 프레스 가공성이 우수해지므로 0.6~1.2mm 정도까지 바디 부품에 대부분 사용되고 있다.
② 열간압연 강판 : 재결정 온도 이상(800~900℃)에서 열간가공 된 것으로, 표면조직이 거칠고 판의 두께도 1.6~6mm가 표준범위이다. 자동차에는 프레임, 멤버 등 비교적 두꺼운 부품에 사용되고 있다.
③ 고장력 강판 : 고장력 강판은 보통 강판에 비교해 인장 강도가 크고 항복점이 높다는 특징을 가지고 있다. 따라서 박판(얇은 판)이라도 같은 정도의 강도를 얻을 수 있고 경량화가 가능하다.
④ 고장력 강판의 사용 목적
  ㉮ 경량화 : 최대 목적은 경량화이다. 같은 강도를 필요로 한다면 사용하는 강판을 얇게 할 수 있고, 얇게 한 만큼 차체는 가벼워진다.
  ㉯ 내구성 확보 : 장기적인 사용에 견딜 수 있는 자동차로 만들기 위해 항상 힘을 받기 쉬운 부분에 사용된다.
  ㉰ 충격에 대한 강도 확보 : 사고가 발생하였을 때 승객을 보호하기 위해 차체의 골격으로 된 부분에 사용된다.
  ㉱ 외부 패널의 국부변형 방지 : 외부 패널과 같이 외부에서 힘을 받고 변형되기 쉬운 부분에 사용되며, 국부적인 외부의 힘에 대해서 소성변형 발생을 방지한다.

(나) 외판패널의 크라운

바디 패널에는 바디 전체의 강도를 높이면서 바디 스타일을 개선하기 위해 여러 가지 곡면이 만들어져 있다. 이와 같은 곡면을 "크라운"이라 하는데, 패널의 일정한 곡률'이라고 정의할 수 있다.

① 저 크라운

패널의 곡면이 매우 완만한 것으로, 차량의 루프 패널에 반영되어 있는 곳 루프 패널의 끝부분은 고 크라운으로 마무리되어 있고, 패널의 중앙 부분이 완만한 곡률로 구성되어 있다.

② 고 크라운

패널의 곡면변화를 매우 크게 부여한 것으로, 차량의 펜더 패널에 주로 반영되어 있으며, 고 크라운과 저 크라운이 같이 반영된 패널이 대부분이다.

③ 콤비네이션 크라운

한 장의 패널에 저 크라운과 고 크라운이 같이 형성되어 있는 것으로서, 차량의 도어 패널에 주로 반영되어 있으며, 외부로부터의 충격이 차량 내부까지 전달되는 것을 최소화하기 위한 강한 구조로 되어 있다.

④ 역 크라운

펜더나 후드 패널 안쪽의 끝부분(마무리된 부분)과 같이 패널이 급격하게 꺾인 형태로 제작된 구조이며, 패널의 강도가 집중되어 있어서 외부로부터의 충격에 쉽게 손상되지 않으나, 일단 손상되면 판금 작업을 통한 수정이 곤란하다.

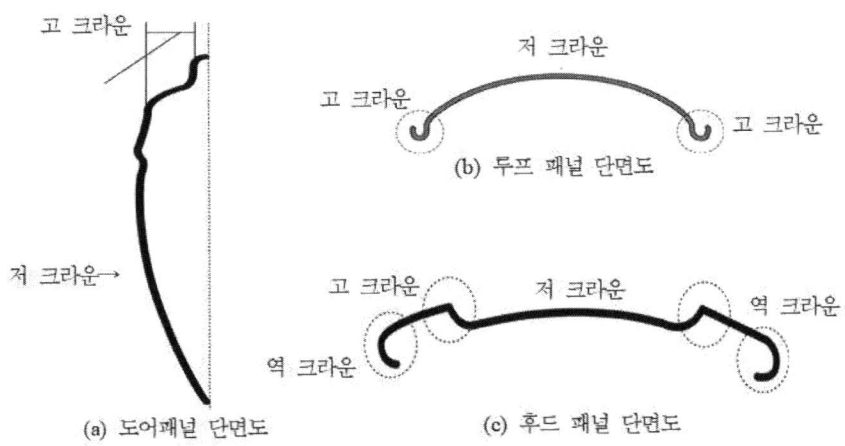

[그림 4-37] 외판패널의 크라운

(2) 바디의 구조 및 특성
 (가) 바디의 기본 구조
   승용차의 바디는 바디와 프레임이 독립된 프레임 부착 바디와 프레임(멤버)과 바디가 일체로 된 모노코크 바디의 두 가지로 크게 분류된다.
   ① 모노코크 바디(Monocoque Body)
    모노코크 바디란 비행기의 바디 설계를 응용한 것으로서, 달걀의 형상이 예로 잘 인용된다. 달걀을 손바닥 부분으로 감싸 쥐고 힘을 가해도 쉽게 깨지지 않는 것은 손으로 가하는 힘이 한 부분에 집중되지 않고 달걀 전체에 효율적으로 분산되기 때문이다. 자동차의 바디는 완전한 응력외피구조로 되어 있지는 않으나, 일반적으로 바디 자체가 외력을 받는 경우 힘이 분산되도록 프레임과 바디가 일체로 만들어져 있으며, 이러한 구조를 모노코크 바디라 한다.

    ※ 모노코크 바디의 특징
     ㉠ 높은 강성을 얻을 수 있다.
     ㉡ 부착 정밀도가 높다.
     ㉢ 차체 높이를 낮게 할 수 있고 실내가 넓다.
     ㉣ 경량화를 꾀할 수 있어 소형차에 적합하다.
     ㉤ 서스펜션(suspension)과 파워트레인(power train)이 직접 바디에 부착되어 있으므로 방진, 방음이 어렵다.
     ㉥ 프레임 부착 바디에 비하여 수리하기가 어렵다.

   ② 프레임 부착 바디
    프레임 부착 바디란 프레임에 engine, suspension, steering system 등이 부착되어 하중과 노면에서의 진동, 충격 등에 잘 견디도록 만들어진 구조를 프레임 부착 바디라 한다.

    ※ 프레임 부착 바디의 특징
     ㉠ 프레임에서 진동이 흡수되므로 조용하고 승차감이 좋다.
     ㉡ 바디 수리가 쉽다.
     ㉢ 후면충돌 시 안전도가 좋다.
     ㉣ 차량 중량이 늘어난다.

(3) 바디 구조와 크럼플(crumple) 특성

차량의 전면 또는 후면에 충격이 가해졌을 때 충격의 대부분은 프런트 사이드 멤버 또는 리어 사이드 멤버에서 흡수되도록 설계되어 있다. 사이드 멤버에는 엔진이나 변속기 등과 같은 무게가 있는 주요 메커니즘 부품들이 장착되고, 차체의 기본 골격을 유지해야 하므로 강성이 커야 하지만, 탑승자의 안전과 보호를 하기 위해서는 외부로부터 전달되는 충격력 대부분을 흡수하여야 하므로, 사이드 멤버에 충격 흡수 부위(crash point)를 설정하여 외부로부터 충격이 가해졌을 때 충격력의 전달 경로에 따라 순차적으로 충격을 흡수하도록 설계·제작되어 있다. 따라서 손상을 진단할 때는 이 부분을 집중적으로 관찰하는 것이 필요하며, 이처럼 외부로부터 전달되는 충격을 흡수할 수 있도록 부품의 단면상에 변화를 준 것을 위크 포인트 라고 한다.

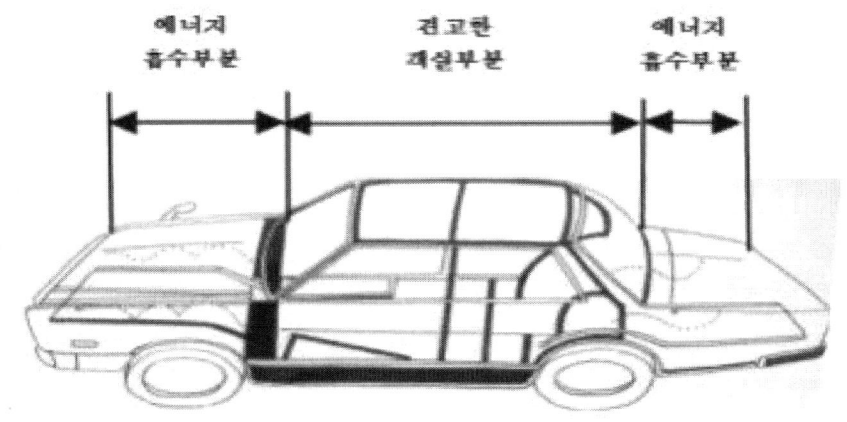

[그림 4-38] 바디의 충격 흡수 부위

(가) 위크 포인트 설정 방법

① 사이드 멤버의 각진 모서리 부분에 단(Notch)을 추가한다.
② 사이드 멤버의 단면 방향으로 홈을 추가한다.
③ 사이드 멤버의 특정한 부위에 주름을 지게 한다.
④ 사이드 멤버에 홀(구멍)을 설치한다.
⑤ 사이드 멤버의 단면을 변화시킨다(큰 단면 → 작은 단면 → 큰 단면).

상기 ①, ②, ③, ④는 비교적 작은 충격력을 흡수하는 데 필요한 구조이며, ⑤는 큰 충격을 흡수하는 데 필요한 구조이다.

충격 흡수를 위해서는 앞부분에서 뒷부분으로 위크 포인트가 순차적으로 손상되어 흡수되는 것이 중요하며, 가장 좋은 충격 흡수상태는 아코디언 형상처럼 위크 포인트가 순차적으로 접혀야 최적의 충격 흡수 효과를 낼 수 있다.

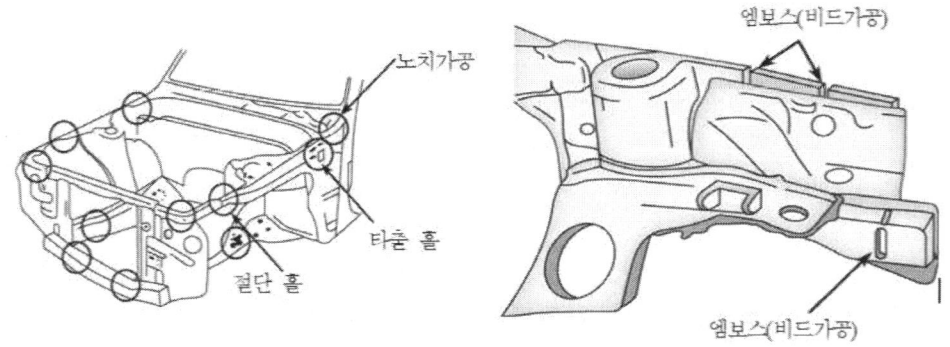

[그림 4-39] 프런트 바디의 충격 흡수 부위

그림은 크래시 대비책으로 프런트 바디의 강도 부재에 설치되어 있는 충격 흡수 부위(크래시 포인트(crash point), 위크 포인트(weak point))를 나타낸 것이고, 손상을 조사할 때 착안 부위가 되는 곳이다.

[그림 4-40] 프런트 바디의 가공 홀

그림은 프런트 바디의 강도 부재에 대한 크래시 포인트가 되는 각종 가공 홀(가공구멍)과 그 부위를 예시한 것이다. 이처럼 바디에는 각종 크래시 포인트가 설치되어 있고, 이곳에 손상이 집중적으로 발생하기 때문에 손상 부위와 손상범위를 조사, 파악하는 데 중요한 착안점이 된다.

(나) 크래시 대책 및 손상 여부 착안 부위
　① 부재 형태의 변화 부위
　　부재의 형태를 굴곡을 줌으로써 충격력의 파급 방향이 축 중심에 이르러 전환되면서 충격력이 집중되기 때문에 이곳에서 변형이 일어나기 쉽다.
　② 단면 형태, 단면적의 변화 부위
　　절단, 구멍 뚫기, 비드 가공작업 이외에 보강재에 의한 이중 구조로 연결 부위를 제작함으로써 충격력의 집중, 즉 응력집중 때문에 변형이 일어나기 쉽다.
　③ 충격력의 집중 부위
　　프런트 사이드 멤버와 대시 패널의 부착 부분, 서스펜션 멤버의 부착 부분 등은 충격력의 전달과정에서 자동차 바디의 구조상 응력이 집중되는 부위이므로 이곳에서 변형이 일어나기 쉽다.

(다) 각종 크래시 대책의 종류
　① 가공경화
　　강판에 외력을 가하여 구부린 경우, 구부러진 부위는 가공 전의 상태보다 더욱 강하고 단단하게 되어 연신율이 떨어지게 된다.
　② 플랜지(Flange)
　　평판을 거의 직각으로 구부리는 가공법으로서, 구부러진 부분은 다른 부분보다 더욱 강도가 높아진다. (적용 예 : 프런트 펜더의 휠 아치, 사이드 멤버 등)

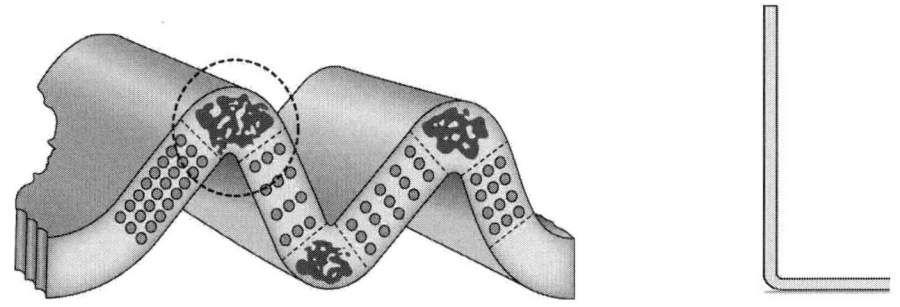

[그림 4-41] 가공경화와 플랜지

③ 비딩(Beading)

성형된 재료 일부에 보강과 장식의 목적으로 돌기 또는 요철을 추가하는 프레스 가공법이다.

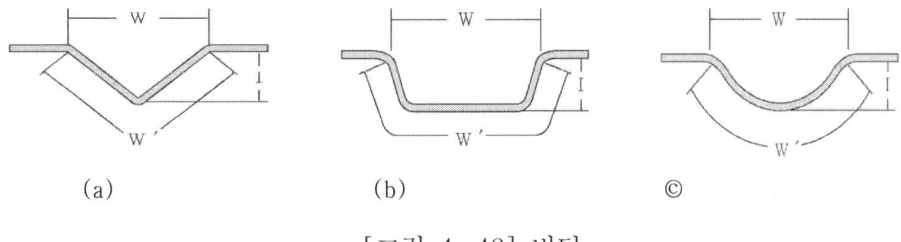

[그림 4-42] 비딩

④ 버링(Burring)

도어 패널, 물빼기 홀 등의 주위에 채택하는 프레스 가공법, 홀 주위가 길게 빠져나오는 모양으로 성형하면 이 부분의 강도가 증가하게 된다.

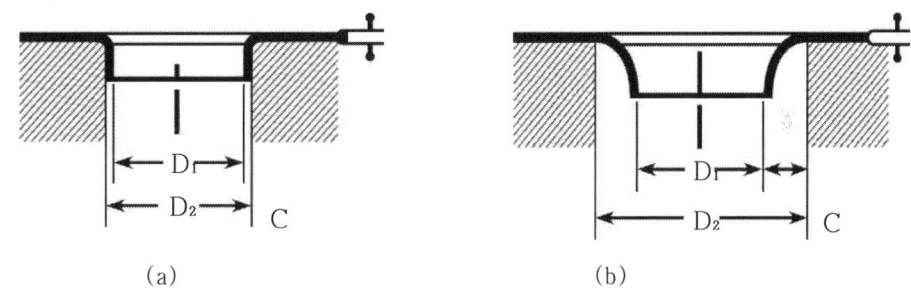

[그림 4-43] 버링

⑤ 헤밍(Hemming)

도어 및 후드 뒤 펜더 등의 아웃 패널과 내부패널을 조립하기 위한 프레스 가공법이다.

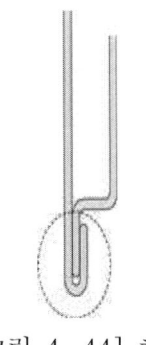

[그림 4-44] 헤밍

다. 바디의 충격 흡수와 손상 형태
 (1) 프런트 바디의 충격 흡수와 손상
  바디의 강도 부재에는 충격 흡수를 위한 여러 가지 구조적인 방법이 강구되고 있지만, 충격력의 방향(입력의 요소)과 구조상의 차이(F·R 차와 F·F 차), 그리고 충격의 흡수 부위와 힘의 전달과정 등의 차이에 따라 손상 부위와 범위, 손상 정도와 형태가 다르게 나타난다.

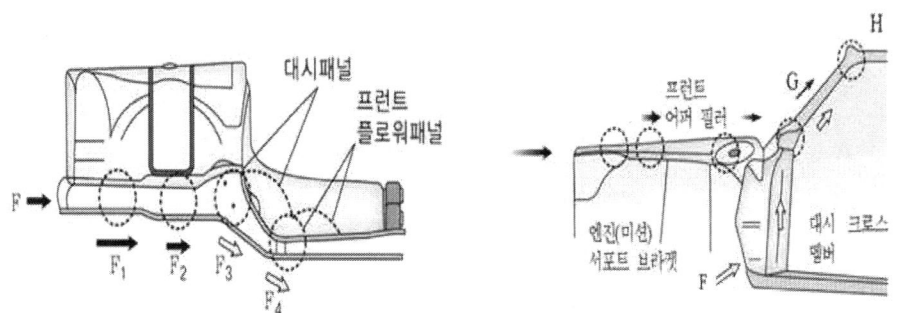

[그림 4-45] F·R 차 프런트 사이드 멤버의 충격 파급

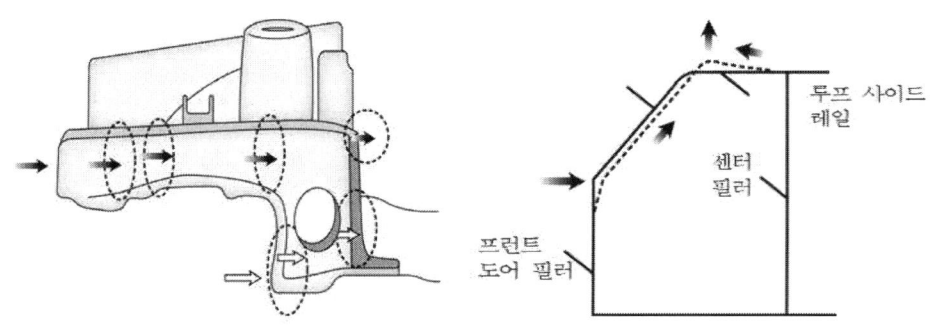

[그림 4-46] F·F 차 사이드 멤버의 충격 파급

 (2) F·F 차량 특유의 손상 형태
  (가) 사이드 멤버와 엔진 및 부수 부품의 간격이 줄어들고 직접 손상과는 다른 관성에 의한 영향으로 인하여 발생하는 손상도 있다.
  (나) 바디 변형이 파워트레인의 각 지지부에 영향을 주기 쉬우므로 주의가 필요하다.
  (다) 센터 멤버의 유·무와 뒷부분 지지부 위의 차이에 따라 대시 및 플로어 패널 주변 손상에 차이가 발생한다.
  (라) 서스펜션에 직접 충격을 받았으면 로어 암 부착구조의 차이에 따라 사이드 멤버 및 플로어 주변 손상에 차이가 발생한다.

(3) 리어 바디의 손상 형태

리어 바디는 뒤 패널과 뒤 펜더 패널, 뒤 바닥 패널이 용접으로 연결되어 하나의 외피 구조를 구성하고 있으며, 뒷부분에 충격력이 가해지는 경우 뒤 패널과 뒤 사이드 멤버, 뒷바닥 크로스 멤버 및 바닥 패널에서 각각 충격을 흡수하도록 제작 되어 있다. 그러나 강한 충격력이 작용할 때는 분산된 충격력이 뒤 사이드 멤버의 킥업 부위에서 상당 부분 흡수됨으로써 뒷부분 트렁크 실이 변형되고, 뒤 필러와 루프까지도 손상이 발생하게 된다.

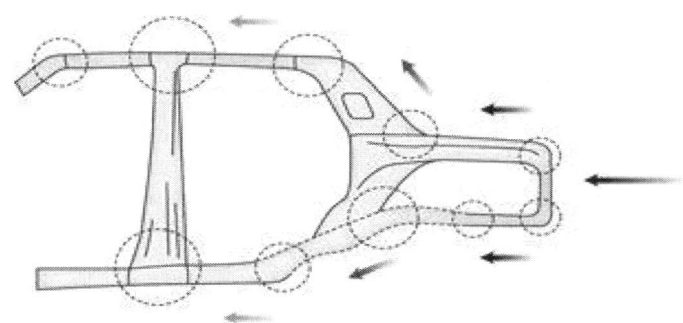

[그림 4-47] 리어 바디 손상

(4) 사이드 바디의 손상 형태

4도어 세단 차량 사이드 바디의 기본 구조는 프런트 플로어 패널을 기초로 그 측면에 사이드 스텝 패널을 두고, 루프 사이드 레일과 스텝 패널 사이를 각 필러로 연결한 구조로 되어 있으며, 측면에서의 충격력을 흡수하는 역할을 한다. 또 플로어 패널에는 여러 개의 크로스 멤버를 배치하는 한편, 앞부분을 견고한 카울 패널로, 뒷부분을 패키지 트레이 패널과 리어 휠 하우스로 고정한 뒤, 윗부분을 패널로 둘러싼 입방체 구조로 되어 있다.

사이드 바디에 충격력이 작용하는 경우, 손상 형태는 외력이 작용한 부위(작용점) 에 따라 다른 형태를 나타내지만 대략 다음 4가지의 손상패턴으로 집약된다.

(가) 스텝 패널부에 외력이 작용한 경우
(나) 프런트 필러부에 외력이 작용한 경우
(다) 센터 필러부에 외력이 작용한 경우
(라) 리어 필러부에 외력이 작용한 경우

라. F·F 차량과 F·R 차량의 손상진단

F·F 차량은 F·R 차량과 비교해 프런트 부위에 기계장치가 집중되어 있고, 엔진룸에서의 작업공간이 협소하므로 외관을 관찰하는 것만으로는 손상진단이 곤란하다. 또한 F·R 차량에서는 볼 수 없는 독특한 손상이 발생하기 때문에 수리계획을 수립할 때 상세한 관찰과 고찰을 통하여 정확한 손상진단을 시행하는 것이 필요하다.

따라서 외관적 관찰만으로는 손상진단에 한계가 있으므로 어느 정도 작업이 진행되면 필요에 따라 분해 또는 점검을 통한 손상부품에 관한 확인이 요구된다.

(1) F·F 차량의 경우

    (가) 프런트 사이드 멤버의 변형에 따른 워터펌프와 알터네이터의 손상 여부

    (나) 프런트 사이드 멤버와 드라이브 샤프트의 이상 유무

    (다) 프런트 사이드 멤버의 변형과 관성력에 의한 실린더 블록 또는 미션의 손상 여부

    이러한 부품에 대해서는 재확인해야 할 부품으로 분류하고 기술적 신뢰를 위해서는 입회 활동을 반복적으로 시행하는 등 신중히 대응하여야 하며, 필요하면 O/H를 의뢰한다.

(2) 동력전달장치 및 현가장치의 손상진단

    (가) CV 조인트

    앞바퀴에 충격을 받으면 굽힘 손상이 발생할 수 있다. 손상진단 방법으로는 액슬을 회전시켜 검사하는 방법이 있고, 적은 양의 굽음을 확인하기 위해서는 다이얼 지시기를 이용하여 검사하는 방법이 있다.

    특히 충격에 의한 흔적이 있는지와 부츠와 연결된 부위에 누유 현상이 있는지를 확인하는 방법도 있다.

    (나) 쇼크 업소버

    누유 및 샤프트나 하우징의 굽음 여부를 진단한다. 상하로 힘을 주어 진동을 일으켜 약 3회의 진동이 일어나면 양호한 것으로 본다.

<표 4-6> F·R 차량과 F·F 차량 비교

	F·R 차	F·F 차
중량 배분 및 조향력	엔진, 미션, 디퍼렌셜이 각각 분산되어 있으므로 전, 후륜의 균일한 중량 배분이 이루어져 조향력이 가볍다.	앞 차륜의 중량 배분이 F·R 차량에 비하여 크기 때문에 서스펜션이나 앞 타이어에 부하가 크게 걸려 조향력이 무겁다.
차량 중량 및 실내 공간	후륜의 구동장치가 필요하므로 F·F 차량과 비교해 중량이 무거워지며, 차 바닥에 터널 부가 필요하므로 실내 공간이 좁다.	미션과 디퍼렌셜의 일체화, 프로펠러 샤프트와 같은 후륜 구동장치가 필요 없으므로 중량이 가벼워지며, 바닥 부위에 프로펠러 샤프트가 지나가는 터널이 없어 실내 공간이 넓다.
엔진의 지지	엔진은 차량에 대하여 종으로 설치되어, 사이드 멤버에 볼트로 체결된 서스펜션에 지지된다.	엔진은 차량에 대하여 횡으로 설치되는 경우가 많고, 사이드 멤버의 양 사이드 및 라디에이터 코어 서포터, 로어 대시 크로스 멤버의 4점에 지지된다. 센터 사이드 멤버가 있는 차량에는 전, 후의 지지를 센터 사이드 멤버가 담당하는 것도 있다. 최근에는 대시 로어 크로스 멤버에 지지하지 않고 엔진 및 서스펜션을 사이드 멤버 및 서스펜션 멤버에 지지하는 경우가 증가하고 있다.
진동·소음	프로펠러 샤프트가 뒤 차축에 동력을 전달하여 후륜을 구동하기 때문에 진동 및 소음이 앞뒤에서 존재한다.	엔진 및 구동장치가 탑재된 앞부분에 진동 및 소음이 집중된다.
바디 수리의 용이성	F·F 차량에 비하여 엔진, 서스펜션, 디퍼렌셜 등을 단독으로 설치할 수 있으므로 작업성이 좋다.	엔진, 미션, 디퍼렌셜이 집중된 앞부분은 전방에서의 충격에 대해 관성 중량은 F·R 차량보다 크며, 바디 설치부의 부하가 증가하여 손상을 입기 쉽다.

제3절 ♠ 복원 수리 기법

1. 개요

    가. 사고 차량 복원 수리

┃일반차량의 고장정비와 사고 차량의 복원 수리 차이점┃

<표 5-3> 고장정비와 사고 차량의 복원 수리 차이

구분		사고 차량의 복원 수리	고장 차량의 정비
상황	원인	외적 요인	내적 요인
	주변 부위	사고 직전까지 정상	거의 같은 정도의 손상, 마모
	현상	여러 가지로 복잡	정형적
수리의 목적		사고 직전의 상태로 원상복구	성능회복, 소비자의 의사에 따름
작업 방법		소비자의 의사가 배제된다. (약관에 따르고 자의는 허용되지 않는다)	소비자의 의사에 따른다.
작업조건	작업 요령	① 변형의 수량적 파악을 위하여 계측작업이 필요하다. ② 현품 맞춤을 해야 하는 경우가 있다.	정비지침서에 의한다.
	관련 작업	비교적 많음	비교적 적음

나. 손상 자동차의 복원 수리

   (1) 수리비(수리 비용)란?

   손상된 자동차를 사고 발생 직전의 상태로 원상회복하는 데 소요되는 필요 타당한 실제 수리비를 말한다.

   (2) 원상회복이란?

   현재 일반적으로 행해지고 있는 수리 방법에 따라 외관상, 기능상, 사회 통념상 사고 발생 직전의 상태로 원상회복되었다고 인정되는 정도로 복구하는 것을 말한다.

다. 복원 수리의 요건

(1) 안전성 확보

「자동차 안전기준에 관한 규칙」과 「자동차 안전기준 시행세칙」에서 규정하고 있는 안전기준에 적합하도록 손상된 차량을 복원 수리하여야 한다.

(2) 성능 확보

본래 자동차가 가지고 있는 여러 장치들의 성능이 복원 수리하는 과정에서 저하되거나, 상실되지 않도록 하여야 한다.

(3) 미관 확보

복원 수리의 마지막 단계인 보수도장의 경우 도료의 재료와 작업공정 등을 기준에 맞도록 시행하여 사고 발생 전에 손상 차량이 가지고 있던 미관을 원상으로 복구하여야 한다.

(4) 내구성 확보

자동차 바디의 대부분이 모노코크 형식이므로 각종 패널과 멤버를 복원 수리하는 경우, 각각의 부재가 가지고 있는 강성과 수리 부위의 부식방지 등을 통해 내구성을 확보하여야 한다.

(5) 경제성 확보

복원 수리를 하면서 과잉수리나 편승 수리가 있어서는 안 되므로, 부품교체 수리와 부품교체 없이 수리하는 두 가지 방법이 있다면 가장 경제성이 좋은 방법을 선택하는 것이 경제성을 확보하는 것이다.

2. 복원 수리 절차

사고 차량의 복원 수리는 각각의 부품에 대한 교체 여부, 판금·수정에 관한 판단이 기초가 된다.

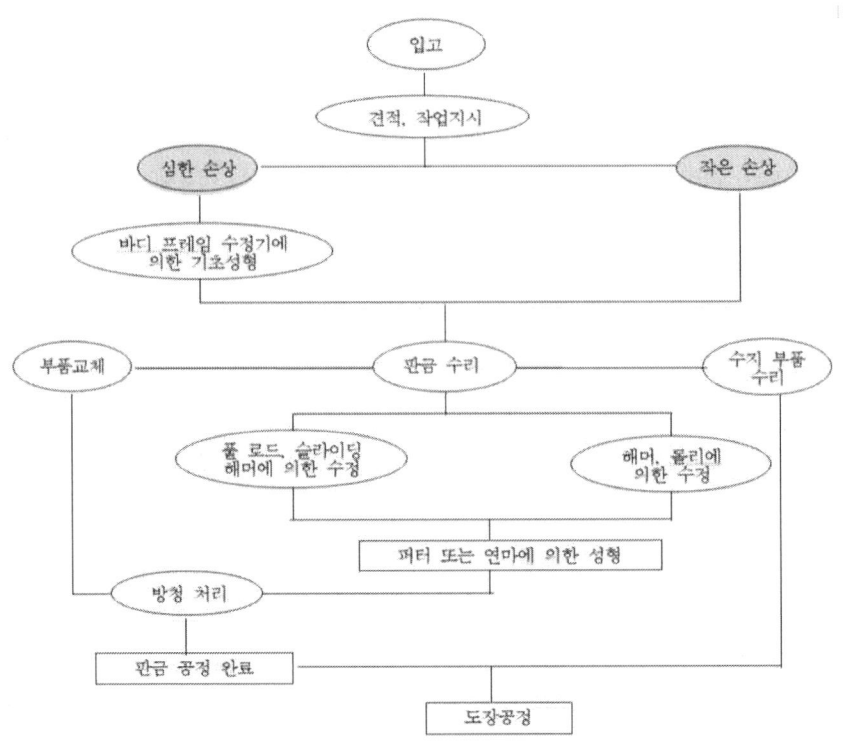

[그림 5-29] 복원 수리 절차

3. 외판패널의 복원 수리

　가. 외판패널 판금 작업 공정

　　(1) 손상진단

　　　　외판패널의 손상상태와 손상 부분에 대한 최적의 수리 방법을 찾기 위한 조사

　　(2) 기초 수정작업

　　　　손상된 패널을 원래 형태로 대략 수정하는 작업으로서, 구 도막을 벗겨 낼 때까지의 작업을 말한다.

　　(3) 중간 마무리 작업

　　　　구 도막 제거 후의 작업으로 패널에 남아 있는 요철 부분을 제거하거나 패널의 늘어난 부분을 수축, 제거하고 작업을 말한다.

　　(4) 최종 마무리 작업

　　　　패널의 뒤틀림을 제거하고 패널의 표면을 매끈하게 원래의 형태로 복원시키는 작업을 말한다.

나. 기초 수정작업
 (1) 기초 수정작업의 의미
    기초 수정작업이란 바디를 구성하고 있는 복수의 부재(주로 용접 접합의 골격구조 강판)가 손상되면 바디 프레임 수정기에 바디를 고정하고 적절한 당김 작업을 하여 손상 부위를 대강 원형으로 복원시킬 목적으로 시행하는 작업이며, 대강 펴기 작업이라고도 한다. 기초 수정작업은 복원 수리 작업의 최초 작업이며 복원 수리 작업에 큰 영향을 미치는 중요한 작업이다.
 (2) 기초 수정작업 요령
    충격력의 시작점, 충격력의 방향, 충격력 파급의 최종점, 손상 정도 등을 정확하게 파악하고, 바디의 구조상의 특징을 고려하여 바디 프레임 수정기의 능력을 최대한 발휘시켜 단시간에 정확하게 기초 수정작업을 행해야 한다. 정확한 기초 수정작업은 다음 공정에 실시되는 부분 수정 작업, 판금 수정작업, 부품교환, 계측작업 등 각 작업에도 큰 영향을 미치며, 각각의 작업수행을 쉽게 할 수 있도록 해준다.
 (3) 기초 수정작업의 유의사항
    변형이 복잡한 경우에 전체 손상 파악이 불충분한 상태에서 작업을 하는 것은 반드시 피해야 하며, 수리 착수 전에 계측의 필요성 여부도 검토해야 한다.
    모노코크바디는 자동차의 주행 성능을 좌우하는 서스펜션이 바디에 직접 부착되어 있으므로 바디 치수가 변형되면 휠 얼라인먼트에도 이상이 생겨 주행에 중대한 영향을 준다.
    따라서 사고에 의해 손상된 바디 각부의 응력과 변형을 제거하고 바디 골격 부위를 본래의 치수로 복원시킬 필요가 있는 것이다. 이러한 응력과 변형을 제거하기 위해서는 변형을 발생시킨 힘보다 더 큰 힘이 필요하며, 수정작업은 유압기기 등을 이용한 바디 프레임 수정기를 사용하되, 동시에 계측 작업을 병행하여 더욱 정밀한 바디 수정이 이루어지도록 해야 한다.
    바디 프레임 수정기에 의한 수정은 바디 골격 부의 대강 수정이 목적이지만 모노코크바디의 경우 강판이 서로 용접된 부분이 많으므로 어느 한 부분에 대한 당김 작업을 통해 인접 부위의 수리를 동시에 할 수 있다는 장점이 있다.
    작업상 주의사항으로는 너무 당기지 않을 것, 당기는 방향이 틀리지 않을 것, 산소 용접기에 의한 가열은 수정 부분의 재질 변화를 가져오고, 강도에게 영향을 주게 되므로 될 수 있는 한 하지 말아야 한다는 것 등이 있다.

4. 작업 항목별 수리의 종류

가. 주체 작업

차량을 구성하는 주요 부분에 대한 작업을 말하며, 해당 작업에 부대 또는 관계되는 비교적 작업량이 적은 소규모인 작업을 포함한다. 예컨대 프런트 펜더를 탈착하거나 교체하는 작업이 여기에 해당하며, 반드시 공임에 계상되는 작업을 말한다.

[예] 프런트 펜더의 탈착 또는 교체

나. 부대 작업

작업량이 비교적 적어 주체 작업 범위 내에 포함되는 작업으로 별도의 작업 항목을 설정하여 작업공임을 계상하지 않는 작업 등을 의미한다.

[예] 프런트 펜더에 부착된 휠 가드, 머드 가드와 몰딩 등의 탈착 또는 교체

다. 부수 작업

주체 작업을 수행하는 데 필요한 비교적 작업량이 큰 다른 작업을 말하며, 별도의 작업 항목을 설정하여 공임을 계상한다.

[예] 뒤 펜더 교체의 주체 작업에 대해서 뒷유리, 뒷좌석 시트, 뒤 범퍼의 탈착 또는 교체

라. 관련 작업

2개 이상의 주요 부품을 교체하는 복합주체 작업의 경우, 작업이 관련 또는 중복되어 별개의 작업으로 인정하지 않는 작업 범위를 말하며, 이러한 작업에 대한 공임은 작업시간이 줄어든 만큼 감액하게 된다.

[예] 프런트 패널과 한쪽의 휠 하우스, 프런트 사이드 멤버를 동시에 탈착하는 경우 각 부품이 용접으로 연결된 부분 3곳이 관련, 중복된다.

마. 커트 작업

공급된 부품 전체를 사용하여 교체 수리하지 않고 부품 일부만을 절단하여 교체하는 작업을 말한다.

[예] 1. 프런트 필러나 리어 펜더 교체작업의 경우, 루프 접합부의 일정부분 아래를 절단하여 교체작업을 하였을 때는 공임을 산정할 때 생략된 작업 과정에 해당하는 작업시간을 공제한다.
2. 스텝 패널 외판이 부분 손상된 것에 대하여 손상된 일부분만을 절단하여 교체작업을 할 때도 생략된 작업시간을 공제한다.

바. 선택작업

어떤 주체 작업을 할 때 손상 정도나 손상 부위 등을 고려하여 일반적인 작업 방법과는 다르게 작업내용과 작업 범위를 판단해서 진행하는 작업을 말하며, 때에 따라 부대 작업과 부수 작업을 생략하는 때도 있다.

예 도어 패널의 수정작업에서 도어의 탈착 또는 오버홀(O/H) 없이 작업을 하는 것으로서, 상황에 따라 도어의 탈착 또는 오버홀(O/H)이 필요함에도 기술적으로 선택 작업을 한 경우에는 그에 대한 공임을 고려하여 인정한다. (차체에 부착된 부품 상태, 내부부품의 구조에 따라 분해 수리 여부를 선택한다)

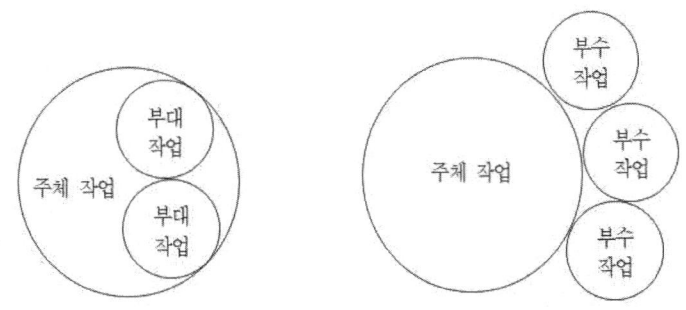

[그림 5-30] 부대 작업과 부수 작업

예1 그림에서 좌측 뒤 펜더 측면을 교체 작업하는 경우 주체 작업, 부대 작업, 부수 작업은?

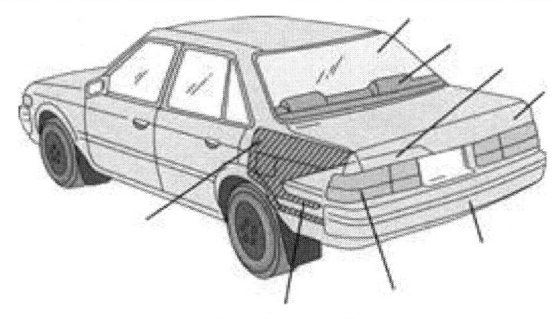

[그림 5-31]

① 주체 작업 : 뒤 펜더 교체
② 부대 작업
  ㉠ 트림 계통 탈착 또는 교체 ㉡ 몰딩 탈착 또는 교체

③ 부수 작업
  ㉮ 뒤 범퍼 탈착 또는 교체   ㉯ 뒷유리 탈착 또는 교체
  ㉰ 뒤 시트 탈착 또는 교체   ㉱ 연료탱크 탈착 또는 교체
  ㉲ 트렁크 리드 탈착 또는 교체   ㉳ 콤비네이션 램프 탈착 또는 교체

예2 최근에 부수 작업을 생략하고도 도어 패널과 뒤 펜더를 수정하는 방법이 개발되었다. 그 방법은?

① 다양한 퍼티에 의한 방법
② 손상된 패널의 표면에 강제로 핀과 와셔를 용접해 놓고 그 핀을 슬라이딩 해머에 걸어서 당겨 펴는 방법

예3 라디에이터 서포터 패널의 판금 수정작업에 있어서 부수 작업인 에어컨 콘덴서나 라디에이터 탈착 작업의 판단기준은?

① 먼저 손상 크기나 손상 부위 참작
② 각 지지 부위를 상세히 점검하여 판단
③ 또한 지지 부위 바깥쪽에 손상이 발생한 경우는 슬라이딩 해머(당김 작업) 및 포트 파워(밀기작업)의 사용 가능성에 따라 결정

예4 프런트 휠 하우스 수정작업에 따른 엔진 및 프런트 서스펜션의 탈착 여부 판단 기준은?

① F·R 차량의 경우(손상이 지지 부위 전면부위에 끝난 경우)
  ㉠ 프레임 수정기에 의한 당김 작업을 중심으로 작업이 이루어진다.
  ㉡ 엔진과 서스펜션의 부착상태에서도 계측할 수 있다.
     따라서 탈착하지 않고 수정작업을 할 수 있다.

② F·F 차량의 경우(손상이 지지 부위 전면부위에 끝난 경우)
  ㉠ F·R 차량과 비교해 작업성이 나쁘고 계측이 곤란하다.
     (엔진룸 내 기계 부품이 밀집되어 있음)

ⓛ F·R 차량과 비교해 앞 패널 지지부가 쉽게 뒤로 밀리는 구조상 특성이 있다.
　　∴ 전면부의 손상임에도 불구하고 때로는 이것을 탈착하는 경우가 있다.

> **예5** 프런트 휠 하우스 상부에서 충격력이 프런트 필러에 파급되었을 때 프런트 윈도실드 글라스의 탈착 여부에 대한 판단기준은?

　승용차는 「자동차 안전기준에 관한 규칙」과 「자동차 안전기준 시행세칙」에서 규정하고 있는 안전기준과 FMVSS(미연방 자동차 안전기준)에 적합하도록 바디 전면부와 후면부가 부위별로 설계되어 전방에서 큰 충격이 작용해도 이 충격이 프런트 필러까지 파급되는 경우는 매우 드물다.
　- 파급손상이 있어도 프런트 필러의 밀림은 매우 작은 경우가 대부분이고, 프런트 윈도실드 글라스에 파손이 없는 한 일반적으로 글라스 탈착은 불필요하다.

> **예6** 그림과 같이 F·F 차량의 우측 앞 휠 하우스 및 사이드 멤버를 교체하기 위한 부수 작업은?

※ 탈착 작업을 필요로 하는 3가지 관점
　부착상태, 부품보급 형태, 부분 절단 교체(Cut) 작업
　㉮ 엔진 탈착
　㉯ 프런트 서스펜션 탈착

[그림 5-32]

> **예7** 그림은 좌측 앞 휠 하우스를 교체하기 위해 히터 블로어 및 이베포레이터를 탈착한 상태이다. 이러한 작업의 필요성은?

[그림 5-33]

㉮ 프런트 사이드 멤버와 엔진과의 조립상태에 따른 교체작업 용이성
㉯ 휠 하우스를 대시 패널에 용접하는 경우 작업성
㉰ 트림 계통의 화재위험을 방지하는 등의 목적

예8 그림과 같이 뒤 펜더를 교체하기 위한 작업으로 인접한 뒤 유리를 탈착하는 이유는?

㉮ 교체해야 할 부품과 인접한 부품의 위치 관계 및 조립상태를 고려하였다.
㉯ 특히 교체부품을 용접한 경우는 용접작업성과 계측 작업성을 참작하였다.
㉰ 작업 안정성의 관점에서 탈거한 것이다. 즉, 교체부품의 조립상태(볼트로 체결 또는 용접 부착)에 따라 교체부품의 작업 범위에 큰 차이가 있다.

[그림 5-34]

> **예9** SM 5시리즈 라디에이터 서포트 패널의 부품보급 형태를 보면 그림과 같다. 여기서 좌측 헤드램프 서포트 패널 B에 큰 손상이 발생하고 좌측 어퍼 서포트 패널과 로어 좌측 서포트 멤버에 작은 손상이 발생하였을 때 부수 작업의 범위는?

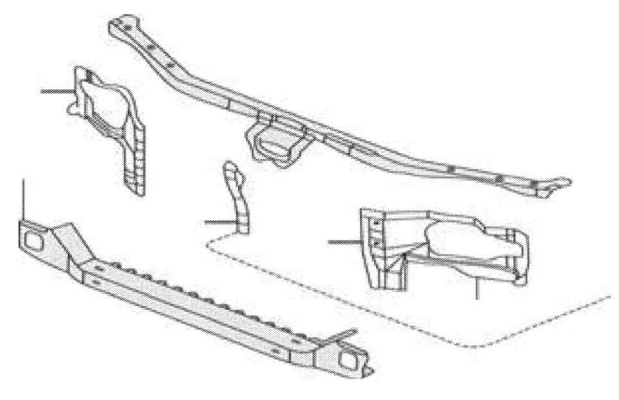

[그림 5-35]

① 라디에이터 서포트 패널 어셈블리를 교체할 경우
　라디에이터, 에어컨 콘덴서 등
② 라디에이터 서포트 패널을 단품(part 부품)으로 교체할 경우
　라디에이터와 에어컨 콘덴서의 탈착이 필요 없다.

💡 정리
　부수 작업에 대한 정확한 판단을 내리기 위한 조건

<표 5-4> 부수 작업 판단 조건

```
┌─────────────────────────────┐
│   ① 자동차 구조와 기능       │
│   ② 부품보급 형태            │
│   ③ 수리 기법 등을 숙지      │
└─────────────────────────────┘

┌─────────────────────────────┐
│ 정비공장의 설비 또는 기술 수준 참작 │
└─────────────────────────────┘

┌─────────────────────────────┐
│    합리적인 수리계획 수립     │
└─────────────────────────────┘

┌─────────────────────────────┐
│      적절한 견적을 산출       │
└─────────────────────────────┘
```
↓

5. 수리 방법의 판단

손상진단
• 손상 부위 파악
• 손상범위 파악
• 손상 정도 파악

⇒ 수리 방법의 결정 ⇒ 종합적인 수리계획 수립

가. 수리계획 검토

　현재 정비업체의 수리 기술로 복원 수리가 가능한 것인지? 수리비 총액의 차량가액(시가) 초과 여부에 대한 종합적인 검토가 필요하다.

나. 수리계획을 수립하는 경우 검토 및 판단하여야 할 사항

　(1) 손상 부분의 수정, 교체 여부
　(2) 수리 범위와 인접한 부품과 관련된 기능 부품의 탈착 여부
　(3) 파급손상 부분에 대한 수리 후 예상되는 구성품의 성능 및 안전도에 대한 점검
　　　필요성(부착상태에서와 탈착, 분해한 상태에서의 정밀 점검 필요성)
　(4) 능률적인 작업이 가능한 공구와 기기 선택 및 작업 순서에 관한 판단
　(5) 보수도장의 범위와 도료의 종류

다. 수리 방법의 판단 요소
  (1) 손상상태
    충격력이 작용한 부위, 충격력의 전달경로를 따라 손상상태를 파악하여 복원 가능성 여부를 판단한다.
  (2) 부품보급 형태
    수리 대상 부품의 공급 형태(일체 또는 분할 공급)를 파악한다.
  (3) 조립구조
    손상 차량의 구조(모노코크 바디·프레임 부착 바디)와 조립 형태를 파악한다.
  (4) 재질
    변형 부분의 재질(예 : 플라스틱, 유리, 스틸 등)에 따라 수리 여부를 판단한다.
  (5) 부품가격
    부품가격을 어떻게 적용할 것인지를 판단한다.
  (6) 수리 설비
    정비업체가 보유하고 있는 수리 설비와 수리 기술에 따라 작업 방법을 판단한다.

라. 부품교체 여부에 관한 판단
  일반적으로 수리업체에서는 수리 기술자가 감소하고 있고, 부품을 교체하는 것이 이익이 많으며, 수리 기간을 단축할 수 있다는 이유를 들어 부품을 교체하고 있으나 부품교체의 인정기준은 다음과 같다.
  (1) 손해사정 실무참고서에 의한 기준
  (2) 실무적인 판단기준
    (가) 패널 손상이 굽힘인 경우
      손상 면이 매끄럽고 손상된 면과 손상되지 않은 부분이 연속적으로 되어 있는 경우에는 영구적인 변형이 아니므로 수리할 수 있다.
    (나) 패널 손상이 꺾임인 경우
      손상 면의 꺾인 반지름이 주름진 형태로서 매우 조밀하게 손상된 패널을 수정하는 작업의 경우 상당한 열을 가해야만 하며, 작업이 완료된 후에도 작업 흔적이 남을 것이 예상될 때는 교환한다.
  (3) 기타 판단 요소
    (가) 부품 조달과 관련된 사항
    (나) 수정부품 이외의 부품 활용에 관련된 사항
    (다) 간접손해와 관련된 사항 등

6. 외판패널의 전형적인 손상 종류 및 복원 수리 기법

가. 넓고 완만한 변형

평면에 가까운 넓은 면을 가진 패널(후드, 루프, 도어, 펜더 등)에 주로 많이 나타난다. 이러한 변형은 대부분 탄성변형이지만 일부 소성 변형된 부분이 패널의 복원을 방해하고 있을 수가 있다. 따라서 복원 수리를 하는 경우 소성 변형부위를 중심으로 해머와 돌리를 이용하여 복원하여야 한다.

외형상 소성변형 여부를 판단하는 방법으로는 예각으로 굽어진 부분과 도막이 벗겨진 부분, 프레스 라인 등에 걸려 있는 부분 등이 될 수 있다.

※ 해머와 돌리를 이용한 복원 수리 기법
(1) 소성변형 부분에 돌리를 가깝게 대고 수정하되 타력과 돌리의 압력을 잘 조정해야 한다.
　　(심하게 타격하면 패널이 늘어나 수정이 곤란함)
(2) 타순은 한쪽부터 원을 그리면서 수정한다.

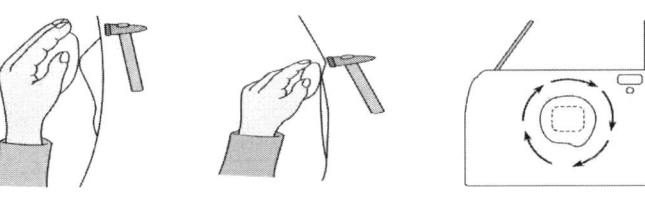

나. 좁고 깊으며 예각 적인 변형

심한 곡면, 코너 부분, 강성이 높은 부위에 나타나는 변형으로서 손상을 받거나 수정 작업을 할 때 늘어나기가 쉽다. 따라서 해머링 만으로는 복원이 어려워 핀과 와셔 등을 이용해 당김 작업을 하지만 변형이 없는 다른 부위까지도 영향을 줄 수 있으므로 신중히 작업을 해야 하고, 변형량에 비해 강한 힘으로 당겨야 한다.

※ 핀과 와셔 용접기를 이용한 복원 수리 기법
(1) 용접할 면의 도막과 부식을 제거하고 핀을 용접한 후 핀과 와셔를 당기면서 소성 변형된 부분을 해머로 가볍게 두드려 수정한다.
(2) 좁고 깊은 변형은 다른 부위의 영향을 방지하기 위해 강한 힘으로 단숨에 당겨낸다.
(3) 넓고 완만한 변형은 약한 힘으로 천천히 당겨낸다.

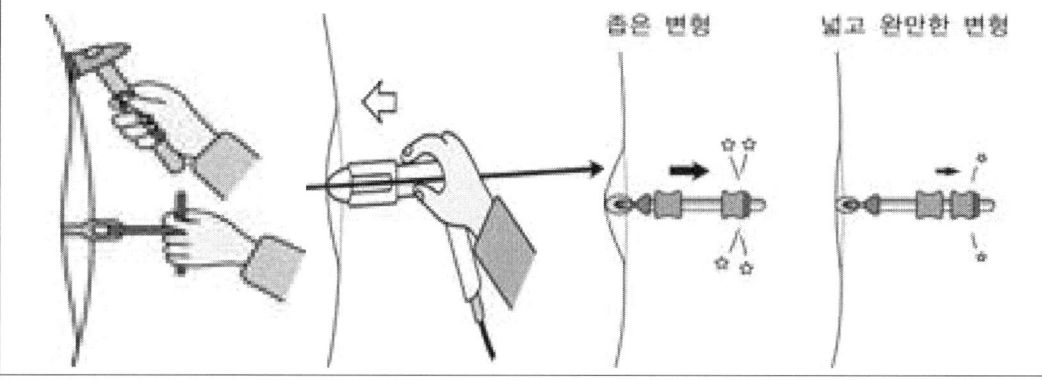

다. 길고 가느다란 변형

폭이 좁고 긴 가느다란 변형은 외판패널 및 사이드 스텝 등에 발생하며, 위아래는 소성변형, 좌우는 탄성변형 형태로 나타난다. 해머와 돌리를 이용한 수정작업이 곤란하므로 여러 개의 와셔를 이용해 복원 수리하는 편이 훨씬 수월하다.

※ 여러 개의 와셔를 이용한 복원 수리 기법
(1) 당김 작업을 할 때는 일반적으로 변형부위의 끝부분부터 중앙을 향해 수정하나 여러 개의 와셔를 이용한 복원 수리 기법은 몇 개의 와셔를 동시에 당겨내어 대략 원래의 형태로 복원한 후 다시 하나씩 당김 작업을 통해 수정 작업을 완료한다.
(2) 핀의 제거는 컷팅 플레이어를 사용하고 와셔는 후크를 와셔의 구멍 난 부분에 걸어 돌리면 제거된다.

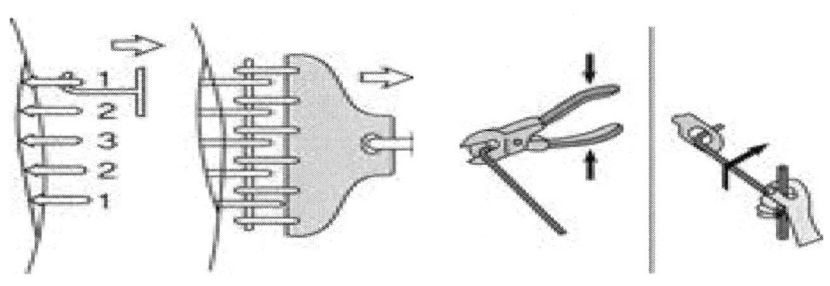

라. 주름 형태로 된 변형

패널이 앞뒤 방향으로 힘을 받았을 때 나타나는 변형으로서, 복원할 때는 반대로 패널의 앞뒤 방향에서 당겨내는 수정을 하면 대부분 변형이 복원된다. 수정할 때는 힘이 걸린 그대로 변형된 부분을 해머링 하면 된다.

※ 라인(프레스 라인) 부분의 수정
프레스 라인과 같이 각으로 된 부위는 폭이 넓은 정이 아니고는 수정작업이 상당히 곤란하다. 따라서 변형 부분의 면적에 따라 다음과 같이 복원 수리한다.
(1) 변형 부분의 면적이 정(라인 치즐)의 폭보다 좁은 경우 라인 치즐을 변형 부분의 중앙에 대고 해머로 쳐서 수정한다. 이때 힘이 너무 과하면 원래의 형태보다 높아져 수정이 곤란하므로 주의해야 한다.

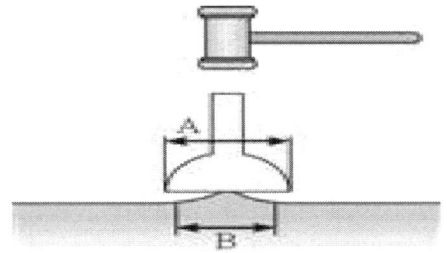

(2) 변형 부분의 면적이 라인 치즐의 폭보다 넓은 경우 변형 부분의 중앙부터 직접 작업하지 않고 끝부분부터 천천히 수정한다.

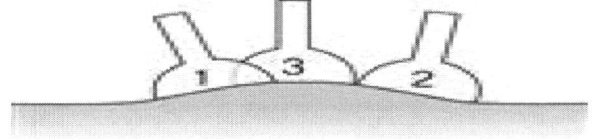

7. 내판·골격 부위의 복원 수리

차량에 가해진 충격력이 크면 외판패널뿐만 아니라 내판·골격 부위에도 충격력이 전달되어 손상되기 쉬우므로 이 부분에 대한 복원 수리 기법에 대해서도 충분히 이해할 필요가 있다.

가. 복원 수리 절차

(1) 기초수정작업

바디프레임 수정기를 이용하여 내판·골격에 발생한 손상을 대강 수정하는 작업으로서 다음과 같이 작업이 구분된다.

(가) 사전 계측 작업

충격력의 입력 방향, 손상의 범위, 변형 정도 등 계측을 통해 파악하는 작업
(나) 준비작업

바디프레임 수정기에 손상 차량을 고정하거나 작업 완료된 차량을 분리하는 작업
(다) 내판·골격 부위의 치수 복원작업

바디프레임 수정기를 이용하여 당김과 밀기 등의 방법으로 내판과 골격 부위 등을 원래의 상태로 복원하는 작업
(라) 확인 계측 및 맞춤 작업

치수 복원작업 과정에서 반복하여 치수를 계측하고 맞춤 작업을 통해 원래의 치수를 복원하는 작업

(2) 부분 수정 작업

기본 수정작업을 완료한 후 남아 있는 손상 흔적을 제거하는 작업

(3) 부품교체 작업
(가) 교체 : 손상된 부품을 떼어내고 순정부품과 재생부품 및 중고부품을 조립, 조정 등의 과정을 통해 부착하는 것을 말한다.
(나) 수리 : 손상된 부품을 수정 가공하여 형태, 기능을 회복시키는 것을 말한다.

(4) 보수 도장작업

차체의 보호와 차체 미관을 회복시킬 목적으로 보수도표를 도포하고 건조 및 경화를 통해 도막을 형성시키는 작업

나. 바디 프레임 수정기

모노코크 바디에 큰 충격력이 작용된 경우 손상된 부분을 수정하기 위해서는 바디 프레임 수정기 사용이 필수라고 할 수 있다. 현재 개발된 바디 프레임 수정기의 종류로는 이동식 바디 프레임, 마루식 바디 프레임, 작업대식 바디프레임 등이 있다.

다. 특수재료의 바디 부품 복원
(1) 합성수지(범퍼 및 라디에이터 그릴)
(가) 크게 손상된 부품은 복원이 곤란하다.

(나) FRP(Fiberglass Reinforced Plastics)

　　FRP(유리섬유 강화 플라스틱)를 재료로 한 바디 부품은 손상 정도가 큰 경우에는 교환해야 하지만 성형작업이 쉬우므로 비교적 간단히 복원 수리를 할 수도 있다. 국부적으로 손상되어 구멍이 뚫어진 것 등도 복원할 수 있으며, 신품으로 교환하는 것만이 제일 나은 선택은 아니다.

(2) 비철금속(도어 몰딩 등)
　　(가) 복원이 어렵다.
　　(나) 광택의 재현이 어렵다.
　　(다) 복원작업 비용보다 신품 가격이 싼 것도 있다.

차량대물 손해사정Ⅲ

제2장

자동차 도장과 견적기법

제1절 자동차 도장

제2절 견적기법

제2장 자동차 도장과 견적기법

제1절 ♠ 자동차 도장

1. 자동차 보수도장

가. 자동차 보수도장의 목적

(1) 차체 보호

사고 또는 녹 발생으로 인한 차량의 안정성과 내구성이 저하되는 것을 방지하여 차량의 기능과 수명을 증가시킨다.

(2) 미관향상

광택 감소 또는 변색한 중고차의 가치를 향상하거나 유행하는 색상으로 도장하여 외관을 향상한다.

(3) 가치 유지

손상 부위를 손상 전의 상태로 원상 복구시킴으로써 차체 가치를 유지한다.

나. 도료의 구성 요소

(1) 수지

도막을 형성하는 주요소로서 도료에 광택성, 내구성, 부착성을 부여한다. 도료의 성능은 수지에 의해서 대부분 결정된다.

(가) 천연수지 : 니스, 래커(lacquer) 등의 도료에 사용

(나) 합성수지 : 열가소성 수지와 열경화성 수지로 구분된다.

(2) 안료

도료에 색상을 부여해 주는 물질, 즉 색깔을 지닌 분말 형태로서, 입자 상태로 분산된다.

(가) 착색안료 : 색상 부여
(나) 방청안료 : 녹 발생 방지
(다) 체질안료 : 단단한 도막, 즉 도막의 분해를 방지하여 내구성을 좋게 한다.
　※ 안료의 기능
　　① 도료 색상 부여　　　　　　② 도막 은폐력 부여
　　③ 도막의 경도 및 강도 보강　　④ 광택 조절

(3) 용제

용제는 수지와 경화제를 녹이는 성분으로 안료를 분산시키거나 작업성, 건조성을 조절하기 위해 사용되며, 도료에 희석되었다가 도포하면 증발하는 성분이다.

(가) 진용제 : 단독으로 용질을 용해하는 성질이 있다.
(나) 조용제 : 단독으로 용질을 용해하지 않지만, 진용제와 병용하면 용해력을 갖는다.
(다) 희석제(시너) : 진용제를 혼합하더라도 용해력은 없으나 점도를 조절하는 기능이 있다.
　※기능
　　① 도장작업이 쉽게 될 수 있도록 유동성을 부여
　　② 도료 중의 수지를 녹여 액상화하는 기능

(4) 첨가제

도료에 극히 소량 첨가되는 화학물질로서, 도막의 물성을 보완하는 기능을 수행한다. (건조성, 흐름성 조절, 침전 방지 등)

(가) 가소제 : 도막에 유연성과 노화를 방지시켜 내구성을 향상한다.
(나) 건조제 : Dryer라고도 하며, 도료에 첨가하여 건조를 촉진한다.
(다) 분산제 : 안료와 수지가 잘 분산되도록 하며, 재응집을 방지한다.
(라) 자외선 흡수제 : 자외선을 차단하여 변색을 막아준다.
(마) 침강 방지제 : 안료의 침전을 방지한다.
(바) 색 분리 방지제 : 여러 안료가 혼합될 때 안료의 분리 현상을 방지한다.

다. 자동차 보수용 도장의 종류
  (1) 상도도장 안료(색상)에 따른 분류

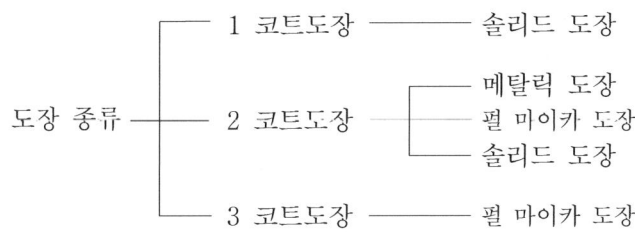

  (가) 1 코트(1coat)도장
    상도 도장을 한 가지 종류의 도료만으로 작업을 완료하는 도장을 말하며, 일반적으로 솔리드 도장이 이에 속한다.

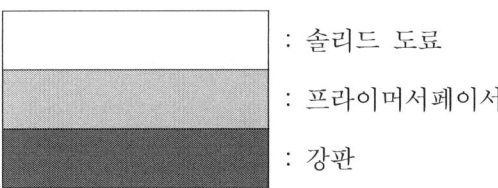

[그림 6-1] 1코트(솔리드) 도장

  (나) 2 코트(2coat)도장
    상도 도장을 컬러 베이스 도료 및 클리어(투명) 도료 두 가지를 사용하여 2단계로 작업하는 도장으로서, 메탈릭 도장, 펄 마이카 도장이나 일부의 솔리드 도장이 여기에 해당한다.
    메탈릭 도장은 안료에 알루미늄 입자가 함유된 것으로서, 도막의 아래층 알루미늄 입자에 의해 금속 특유의 빛을 발생한다. 펄 마이카 도장은 안료와 운모 입자의 표면을 이산화티탄이 코팅된 펄 마이카 입자를 첨가한 것으로서, 솔리드 칼라, 메탈릭컬러와는 다른 진주색 광택을 갖는 아름다운 도막을 얻을 수 있다.

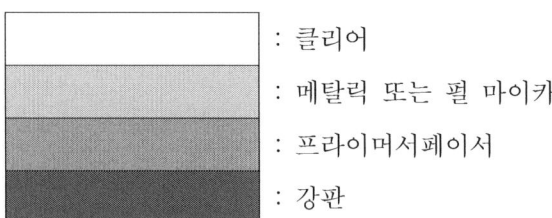

[그림 6-2] 2 코트(메탈릭) 도장

(다) 3 코트(2coat)도장

상도 도장을 컬러 베이스 도료, 펄 베이스 도료, 클리어(투명) 도료를 사용하여 3단계로 작업하는 도장을 말하며, 특정 차종의 일부 색상에만 적용하고 있다.

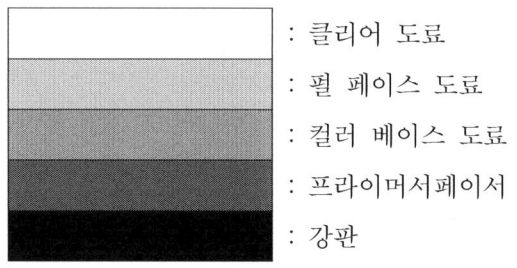

[그림 6-3] 3 코트(펄) 도장

(2) 코트 수별 특징

　(가) 1 코트 도장(솔리드 도장, 우레탄 도장)

　　① 상도도장을 한 가지 도료만으로 작업완료

　　② 입자 성분이 아닌 안료 성분의 도장이므로 보는 각도와 관계없이 같은 색상이 나타난다.

　　③ 주로 원색이 주종을 이룬다. (빨강, 노랑, 흰색 등)

　(나) 2 코트 도장(메탈릭 도장, 컬러 베이스 도장)

　　① 입자 성분의 도료로 구성되어 있어 광선이 반사되면서 도막이 반짝거리는 것이 특징이다.

　　② 상도도장을 컬러 베이스 도료 및 클리어(투명) 도료 두 가지를 사용하여 2단계로 도장작업을 한다.

　(다) 3 코트 도장(펄 도장, 마이카 도장)

　　① 진줏빛 색상으로 보는 각도에 따라 색상이 다르게 보인다.

　　② 상도도장을 컬러 베이스, 펄 베이스, 클리어(투명) 도료를 사용하여 3단계로 도장작업을 한다.

(3) 도막 기능에 따른 분류

작업 단계	도료 명	요구 특성
하처리	퍼티	눈 메꿈성
하도 도장	프라이머 (워시 프라이머, 플라스틱 프라이머)	부착성, 연마성, 방청성, 방수성, 살 오름성
상도 도장	솔리드 도료 메탈릭 컬러 클리어	은폐성, 내 변색성, 고른 색상, 퍼짐성, 광택성, 내산성, 내연마성
기타	희석제(시너)	희석성, 작업성

(가) 솔리드 도료

도료에 다른 입자(메탈릭, 펄 마이카 등)를 포함하지 않고 밀도가 높은 순수 안료만으로 도막을 형성하는 도료를 솔리드 도료라고 한다. 일반적으로 상도도장을 1 Coat 도장 방식으로 작업하는 경우가 대부분이나 최근에는 기능성 클리어(내 스크래치 성질)를 도장한 2coat 도장 방식도 증가하는 추세다.

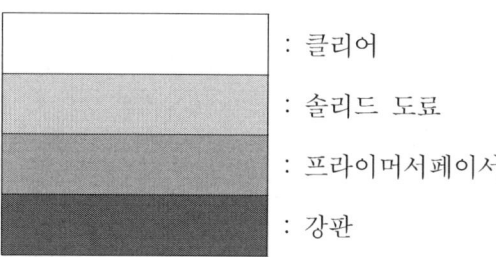

: 클리어
: 솔리드 도료
: 프라이머서페이서
: 강판

[그림 6-4] 2 coat 솔리드 도장

(나) 메탈릭 도료

색을 나타내는 안료에 은분(알루미늄 입자)을 혼합한 안료와 알루미늄 도료만을 도장하는 방식 모두를 메탈릭 도료라고 한다. 메탈릭 도료는 안료와 내부에 있는 알루미늄 입자가 반사하여 도막을 관찰하는 위치에 따라 본래의 색상과 다른 독특한 광택 효과가 있다. 상도도장의 2coat 컬러 베이스에 사용되며, 그 표면에는 클리어를 도장한다.

(다) 착색 펄 마이카 도료

색을 나타내는 안료에 은분(알루미늄 입자)을 대신해 운모(마이카) 안료를 첨가한 도료를 마이카(운모) 도료라고 한다. 반투명체 운모의 특성을 활용한 것으로서, 메탈릭 도료와는 다른 우아한 색상을 나타낸다. 상도도장의 2Coat 컬러 베이스에 사용되며, 그 표면에는 클리어를 도장한다.

(라) 간섭 펄 마이카 도료

색을 나타내는 안료에 은분(알루미늄 입자)을 대신해 운모(마이카)를 이산화티탄으로 코팅한 입자를 안료에 혼합시킨 도료를 간섭 펄 마이카(운모) 도료라고 한다. 간섭 펄 마이카(운모) 도료는 안료를 함유하고 있지 않기 때문에 빛이 투과하여 반사되는 굴절로서, 보는 각도에 따라 진줏빛과 무지개색의 빛을 나타낸다.

상도도장의 3coat 컬러 베이스에 사용되며, 그 표면에는 클리어를 도장한다.

라. 보수도장 작업 범위(도장 면적)별 구분

(1) 부분도장

후드, 도어 등 외판패널 부품의 부분적인 손상에 대한 보수도장을 말하며, 보수도장 하는 지점의 색상이 주변부의 색상과 차이가 나지 않게 하는 것이 기술 포인트이다. 특히, 3코트 및 일부 색상의 2 코트 상도 도장을 하는 경우 보수도장 부분과 그 주의의 색상을 일치시키기 위해 도장 범위를 넓게 오버래핑하여 색 맞춤 칠(보카시 도장, 브랜딩 도장)을 한다.

(2) 블록 도장(패널 단위 도장)

펜더와 도어 등 별도의 단위 부품은 경계선으로 구분되므로 일반적으로 색 맞춤 작업을 하지 않고 패널 단위로 보수 도장하는 데 이를 블록 도장이라 한다. 그러나 펄 마이카, 메탈릭 도장 등 색을 맞추기 어려운 컬러의 도장에서는 인접한 패널에도 색 맞춤 작업을 하는 때도 있고, 뒤 펜더와 루프 패널 인접부 등 경계선이 없는 경우에도 부분적으로 색 맞춤 기법을 이용해서 보수도장을 하고 있지만, 이경우도 블록 도장이라 할 수 있다.

(3) 그룹 도장

프런트 펜더에서 리어 펜더까지 측면 전체를 복원 수리하였을 때 일반적으로 색 맞춤 작업을 하지 않고 한쪽 면 전체를 그룹 단위로 보수도장을 하는데, 이를 그룹 도장이라 한다.

(4) 전체도장

차량 전체를 다시 칠하는 도장을 말한다.

마. 보수도장 작업 공정
 (1) 보수도장 작업 구분
  (가) 하처리 작업
    하처리 작업이란 방청, 방수작업은 물론 작업 부위를 평평하게 다듬고 구 도막 보호용인 워시 프라이머를 도장하여 도료의 부착성을 증대시키는 작업이다.
    작업내용은 구 도막 제거 및 에지 형성 → 금속표면처리 → 기초연마 → 중간연마 → 마무리 연마로 진행하며, 샌드페이퍼는 점차 연마 입자가 가늘고 번호가 높은 것부터 사용한다.
  (나) 하도도장 작업
    하도도장 작업은 패널 면을 녹슬지 않게 하고 후속 공정인 프라이머서페이서가 잘 부착되게 하려고 작업한다.
    작업내용은 마스킹 → 프라이머서페이서 도장 → 마무리 퍼티 바르기 → 프라이머서페이서 연마 → 숨김 도장 작업 주변부 연마의 순으로 진행된다.
  (다) 상도도장 작업
    도장할 부위에 색상을 입히고 광택을 부여하는 작업 공정으로 미관 및 컬러 매칭이 가장 중시된다.
    작업내용은 마스킹 → 베이스 코트 도포 → 클리어 코트 도포 → 가열 건조의 순으로 진행된다.
  (라) 마무리 작업
    마무리 공정은 마스킹을 제거하고 도장이 미진한 곳에 대한 보완 도장 및 도장면의 먼지나 오물을 깨끗이 청소하는 작업 단계다.
    작업내용은 가열 도막 냉각 → 마스킹 제거 → 붓칠 및 마무리 작업 → 세차의 순으로 진행된다.
  (마) 기타 플라스틱 부품의 도장
    플라스틱 부품에 대한 도장 역시 다른 패널의 도장과 같으나 다만 방청 처리는 하지 않는다. 대신에 부착성을 높이기 위해 전용 프라이머서페이서를 사용하며, 도막에 유연성을 주기 위해 클리어에 유연제를 첨가하기도 한다.

바. 도료의 건조 방법
 (1) 용제 증발형 건조법(자연건조방식)

용제와 시너가 증발하면서 도막을 형성하며, 자연건조 또는 상온 건조방식이라고도 한다. 에나멜계의 도료, 래커 계통의 도료가 해당되며, 도료를 피도물에 도장하고 그대로 상온 상태에서 도막 내의 용제를 증발시켜 건조하는 방식이다.

(2) 반응 건조형 건조법
수지가 경화제와 결합하여 화학반응에 의해 경화하는 도료로서, 2액형 도료의 대부분이 여기에 해당된다.
(가) 열 반응형 건조
특정 온도 이상으로 가열하면 수지 성분이 반응을 일으켜 경화하는 건조방식을 말하며, 열처리 도장이라 불리기도 한다. 건조온도는 약 120℃~150℃에 달하며 주로 신차 도장라인에서 사용된다.
(나) 2액형 중합 건조
도료와 경화제를 일정 비율로 혼합시켜 수지와 경화제의 화학반응에 의해 도막을 형성하는 것으로 스프레이 작업 직전에 경화제를 혼합하여 사용하며, 통상 20~30분이 지나면 도료를 사용할 수 없다. 건조시간의 단축을 위해 도장 부스에서 60℃~80℃의 온도로 가열하여 중합을 촉진하는 작업 방법이며, 보수도장에 가장 많이 사용된다.
(다) 소부 건조법
고온으로 가열하여 수지의 구조를 변화시켜 경화하는 열경화성 도료로서, 열을 가하지 않으면 도막이 형성되지 않는다. 신차 라인에서의 도장은 모두 여기에 해당하며, 약 120℃~160℃의 고온으로 약 20분 정도를 건조한다.

사. 신차도장과 보수도장의 비교

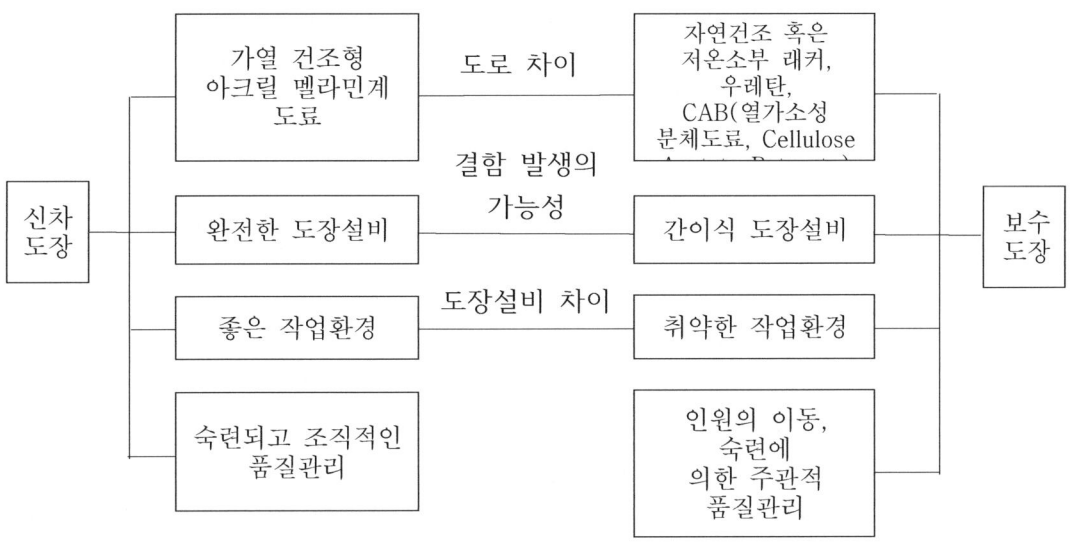

[그림 6-5] 신차도장과 보수도장의 비교

2. 자동차 신차도장

가. 신차 도장 공정

승용차의 경우 신차 라인에 대표적인 도장 공정은 다음과 같다. 차종에 따라서는 중도 도장이나 수연마 공정이 생략되는 때도 있다.

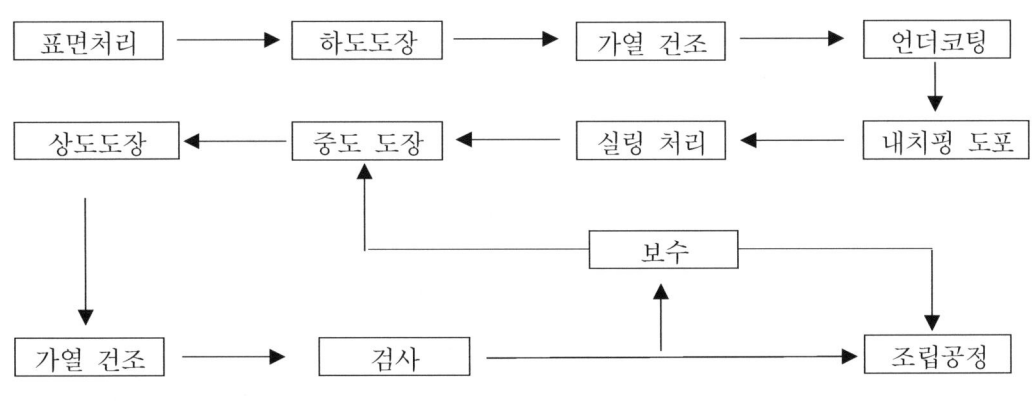

[그림 6-6] 신차 도장 공정

나. 신차 상도도장의 종류
  (1) 솔리드 컬러 도장
  (2) 메탈릭 컬러 도장
  (3) 펄 마이카 컬러 도장

다. 자동차 컬러와 도장의 종류를 구분하는 방법

  자동차 컬러 및 도장 종류를 구분하는 방법에는 상도 도막을 육안으로 확인하고 도장 종류를 판별하는 방법과 차체 컬러 코드를 조사하여 컬러 조견표를 통해 컬러 명과 도장 종류를 판별하는 방법이 있다.

  (1) 육안판단법
    1 코트 도장은 색상이 단색이며 도료의 입자 성분이 함유되어 있지 않아 보는 각도와 관계없이 같은 색상을 나타내므로 판별이 쉽다. 주로 백색, 흑색, 적색, 하늘색, 노란색 등이 있다.
    2 코트 도장의 도막 구성은 유색의 컬러 베이스 코트 위에 투명한 클리어 코트가 도포되어 있고, 유색 도료에는 메탈릭 또는 펄 입자가 함유되어 있어 보는 각도에 따라 색상이 변화한다. 메탈릭 입자는 펄 입자보다 상대적으로 굵은 모양의 형체를 가지고 있어 육안으로도 식별할 수 있다. 펄 입자는 무지갯빛을 띠며 반짝이는 특성을 가진다.

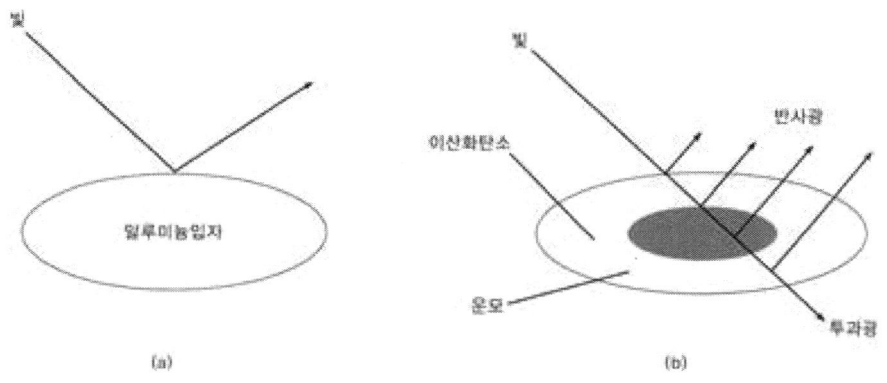

[그림 6-7] 도장 종류별 빛의 굴절상태

    3 코트 도장은 컬러 베이스 코트 위에 펄 입자가 함유된 펄 코트를 도포하고 클리어 코트로 마감처리 하는 도장 방식으로, 2 코트 방식보다 더 미려한 도막을 얻을 수 있으나 비교적 작업하기 어렵다.

(2) 컬러 코드에 의한 판별법

먼저 카울 패널 또는 앞 패널에 부착된 차량인식표(VIN : Vehicle Identification Number)에서 차체의 컬러 코드를 찾거나 도료 제작회사에서 제공하는 '차종별 색상 조견표'에서 해당 컬러 코드의 명칭과 도장 종류를 찾는다. 컬러 코드의 코트 구분은 다음과 같다.

(가) 1 코트 도장 : S(solid)

(나) 2 코트 도장 : M(metallic), P(pearl)

(다) 3 코트 도장 : 3P(3 coat pearl)

3. 기타 도장기법

가. 수용성 도장

(1) 정의

대기 중으로 방출되는 VOC(volatile organic compounds : 휘발성 용기 용제화합물)로 인한 환경보호를 위해 유용성 도료를 환경친화적인 수용성 도료로 대체하여 차량 보호용 도장에 사용하는 것을 말한다.

(2) 수용성 도장과 유성도장의 차이점

(가) 유성 도료는 용제를 혼합하여 사용하고 수용성 도료는 물을 혼합하여 작업한다.

(나) 수용성 도료는 안료 입자가 미세하므로 은폐력이 뛰어나다.

(다) 수용성 도료는 스프레이 작업 방법에 따라 입자 배열이 다르게 나타나므로 도장 면을 눈으로 직접 확인하면서 적정한 속도를 유지하여야 한다.

(라) 수용성 도료는 용제를 사용하지 않으므로 세밀한 교반이 요구되며, 유성도료보다 교반 시간이 다소 길다.

(마) 수용성 도료의 경우 건조가 느리므로 스프레이 부스 실내에 유입되는 공기의 유량과 유속을 증가시켜 수용성 도료의 건조시간을 단축할 수 있도록 설계된 수용성 도장 전용 설비를 사용하거나 드라이 제트 건을 사용해야 한다.

(바) 스프레이건 이용 후 세척할 때 유성 도료는 용제를 사용하나 수용성 도료는 물을 이용한다.

(사) 수용성 도료는 사용 후 남은 도료를 밀봉상태로 상온에서 보관하면 재사용이 가능하다.

(아) 수용성 도료의 재료비는 유성 도료에 비해 비싼 편이다.

(3) 수용성 도장의 주요 작업 공정
　(가) 세척(Clean)
　　보수도장 작업 전 도장 면의 먼지, 염분 등의 오염물을 세척하는 공정을 의미하며, 세제와 물을 사용하여 패널의 오염물을 세척하고 물기를 완전히 제거하는 공정이다.
　(나) 유성 탈지(Solvent-born degrease)
　　도장 면의 타르, 아스팔트, 실리콘, 왁스, 오일 등의 오염물을 제거하여 크레이터링(Cratering)을 방지하기 위해, 도장 면에 유성 탈지제를 분무한 후 오염물을 닦아내는 공정이다.
　(다) 단 낮추기(Featheredge)
　　판금 작업한 패널의 면과 기존의 도장 면의 높이차를 낮추는 작업공정이다.
　(라) 구 도막 샌딩(Old paint sanding)
　　퍼티, 프라이머서페이서 도장을 위한 공정이다.
　(마) 퍼티(Putty)
　　요철(판금) 부위를 메우는 작업이다.
　(바) 퍼티 샌딩(Putty sanding)
　　퍼티 부위를 샌딩하여 원형을 복원하는 작업이다.
　(사) 마스킹(Masking)
　　도장 부위를 제외한 나머지 부위에 페인트가 날리는 것을 방지하는 작업 공정이다.
　(아) 서페이서(Surfacer)
　　상도도장 전에 퍼티, 구 도막 부위를 은폐하는 작업 공정이다.
　(자) 서페이서 샌딩(Surfacer sanding)
　　상도도장 부착을 위해 서페이서 도장 부위에 가이드 코트를 도포한 후 샌딩하는 작업 공정이다.
　(차) 수용성 탈지(Water-born degrease)
　　구 도막, 서페이서 도장 만에 염분 등의 오염물을 제거하여 녹 발생을 방지하기 위한 작업 공정이다.
　(카) 수용성 베이스 코트(Water-born Base coat)
　　도장 면에 색상을 도장하는 작업 공정이다.

(타) 클리어 코트(Clear coat)

도장 면에 베이스 코트의 보호와 광택을 위해 클리어 코트를 도장하는 작업 공정이다.

(파) 컬러 샌딩(Color sanding)

먼지에 의한 도장 결함 부분을 샌딩하는 작업 공정이다.

(하) 컴파운딩 및 폴리싱(Compounding & Polishing)

컬러 샌딩 후 샌딩 스크래치를 제거하기 위해 광택제를 도포하고 샌딩 스크래치를 컴파운딩한 후 도장 면의 광택을 복원하는 작업 공정이다.

나. 숨김(보카시) 도장

(1) 정의

새로 도장할 부분의 컬러와 구 도막의 컬러와의 차이를 자연스럽게 연결해 주는 도장으로 숨김 도장, blend in system, fade out이라고도 한다. 도장작업 대상 부위에서 멀어질수록 도막이 얇아지게 하는 도장작업으로서, 새로 도장한 부분의 색상 차이를 구분하지 못하게 할 목적으로 사용된다. 주로 패널의 꺾인 부분이나 패널의 끝부분을 이용하며, 같은 색깔의 패널이라 하더라도 면이 바뀌면 달리 보이는 사람의 착시현상을 이용한 도장기술의 일종이다.

(2) 숨김 도장 사용 원인

(가) 메탈릭 및 펄 도장 사용 차량 증가

자동차 보수도장에 주로 사용되는 도료로서 메탈릭이나 펄 입자가 함유된 2coat, 3coat 도장 시스템이 적용된 차량은 조색에 있어서 난이도가 높아 작업시간이 지연되고 숨김 도장을 해야 하는 상황이 자주 발생한다.

(나) 노후 차량에 대한 도장

노후 된 차량이 손상되어 도장을 하는 경우 색 맞춤이 곤란한 경우가 많아 숨김 도장을 해야 하는 경우가 많이 발생하는 상황이다.

(다) 교체부품의 증가

자동차 사고로 인한 패널의 교체가 늘어날수록 도장작업이 많아지고 그에 따라 숨김 도장을 해야 하는 경우도 동반하여 증가한다.

(라) 도료의 색상 차이

자동차 색상의 다양화, 고급화 추세가 가속화되면서 똑같은 색상 코드를 가진 차량이라 하더라도 출고되는 계절과 시간의 경과 등에 따라 색상이 각기 다르게 나타날 수 있다.

① 자동차 제작사 및 도료 제작사에서의 색상 차이
② 차량 노후에 따른 변색, 도막 손상, 모델 연식별 색상변화 등
③ 보수도장 작업환경 요인
④ 작업자의 도장기술력 차이

다. 2 톤 도장

일부 승용차 또는 RV차량에 적용되는 도장으로 한 개의 패널을 상, 하로 나누어 서로 다른 컬러로 도장된 것을 말한다.

라. 폴리싱
(1) 정의
도장작업 공정에 있어서 마무리 작업공정에 속하며, 상도 도장 후 도막에 붙은 먼지, 이물질, 흘러내림 등을 제거하는 데 목적을 둔 도장을 말한다.
(2) 광택의 원리
균일한 도막 표면에서 정반사가 일어날 때 광택이 잘나고, 난반사가 일어날 경우 광택도가 저하되는 것이다. 이런 원리를 이용하여 광택 작업은 도막을 깎아내어 매끈한 표면을 만드는 것으로서, 오렌지 필(도막의 표면이 오렌지 껍질과 같은 상태)을 잘 제거해야만 광택이 오래도록 지속된다.
(3) 광택 작업을 필요로 하는 경우
(가) 도막 하자를 없애고자 할 때 : 먼지, 이물질, 흐름 현상, 오버스프레이, 긁힘 등
(나) 고급 차의 마무리 작업 : 도장 후 거울 같은 평면을 얻고자 할 때
(4) 광택 작업 공정
(가) 샌드페이퍼(#1500)로 하자 부위 샌딩(손연마)
(나) 컴파운드 #2000 샌딩
(다) 컴파운드 #3000 샌딩
(라) 왁스(광택제)를 이용한 코팅(광택)작업
(5) 주의사항(과도한 광택 작업을 할 경우)
(가) 베이스 코트 및 펄의 경우 투명이 벗겨져 밑칠이 드러나 산성비, 이물질 등에 의해 여러 가지 현상이 발생할 수 있다.
(나) 솔리드 칼라의 경우 밑칠이 벗겨져 무늬 변형 및 산성비, 이물질 등에 의해 여러 가지 현상이 발생할 수 있다.

마. 카멜레온 도장
  (1) 정의
    카멜레온(chameleon) 도장은 투명한 금속 옥사이드로 안료를 5겹 코팅하여 만든 특수 안료를 페인트에 응용하여 개발한 도장이다. 일반적으로 안료는 선택적으로 빛을 흡수하지만 카멜레온 컬러에 사용되는 특수 안료는 빛을 반사하거나 프리즘과 같이 많은 빛을 굴절시켜 다른 메탈릭 안료나 펄 안료에서 보여주는 효과와는 달리 확연히 다른 넓은 범위의 색채를 광원의 각도와 시각의 각도에 따라 색채가 변화하는 특징이 있다.

  (2) 도장 방법

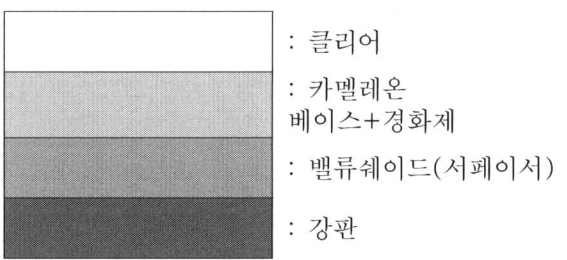

[그림 6-8] 카멜레온 도장

    (가) 표면처리
      방청, 방수작업은 물론 작업 부위를 평평하게 다듬고 서페이서를 도포해야 할 때에는 밸류쉐이드를 사용하고, 연마할 때는 연마자국이 남지 않도록 고운 샌드페이퍼를 사용한다.
    (나) 베이스 코트와 경화제 혼합
      카멜레온 베이스 코트에는 경화제를 반드시 사용해야 하므로 점도와 혼합 비율이 사용 목적에 맞게 잘 혼합한다.
    (다) 카멜레온 베이스 코트 도장
      카멜레온 베이스 코트를 도포한 경우 반드시 플래시 타임을 주되 강제로 건조하는 방법은 적합하지 않다.
    (라) 투명 도장

바. 마이카 도장
  (1) 정의
    마이카(mica)란 인조 펄(pearl)을 말하는 것으로서, 운모를 잘게 쪼개어 인조 코팅을 한 것을 도장하여 진주색 광택을 나게 한 도장을 말한다. 운모 코팅의 안료로는 이산화티탄(TiO2)이 가장 많이 사용된다.
  (2) 마이카 도료의 구성
    일반 메탈릭 도료와 도료의 조성(수지, 안료, 용제, 첨가제)에 있어서는 유사하나 알루미늄 대신 마이카를 사용한다.
  (3) 마이카 입자의 특성
    마이카는 메탈릭 도료에 사용되는 알루미늄 입자와는 다른 광학적인 성질(빛의 다중반사, 산란, 간섭)을 가지고 있으므로 알루미늄 입자에서는 볼 수 없는 독특한 색감을 갖는다. 즉 알루미늄 입자는 빛을 받으면 거의 반사되는 데 반해 마이카 입자는 빛이 투과되면서 굴절이 생겨 이러한 굴절 차이가 빛의 산란 및 간섭현상을 유발하여 독특한 색감을 나타나게 한다.
  (4) 도장 방법
    (가) 3 코트 마이카
      솔리드(칼라베이스), 펄 마이카, 클리어 순으로 도색하며, 펄 안료와 간섭 마이카 도료를 사용할 때 쓰는 방법이다.
    (나) 2 코트 마이카
      마이카 베이스(착색 마이카 안료 + 착색안료), 클리어 순으로 도장한다.

4. 도장 요금 산출

  가. 도장 요금의 원가 구성 요소
    도장 요금의 원가는 재료비, 도장 시간, 가열 건조비로 구성된다.
    도장료 = 재료비 + 도장공임 + 가열건조비
    (1) 재료비
      (가) 재료비는 도장 작업에 소요되는 도료, 시너 등 주재료와 샌드페이퍼, 마스킹 등 부재료 일체를 포함하며, 도장작업이나 보관과정에서 손실되는 분량도 포함된다.
      (나) 도장재료비는 재료소요량에 재료 단위당 가격을 곱하여 산출한다.
      (다) 상도도료의 재료비는 각 차종에 사용되는 해당 도료의 가격을 적용한다.

(2) 도장 시간

실제 도장 작업에 소요된 시간(소수점 이하 두 자리까지 인정)에 1시간당 공임을 곱하여 산출한다. 도장작업의 특성에 따라 기본시간, 공통시간, 할증률 등으로 구분한다.

(가) 기본시간 : 도장한 부품의 개수와 작업면적에 비례하여 증가하는 특성이 있고 연마, 피디 바르기, 스프레이 도포, 마스킹, 세척 등 실제 도장 작업에 소요된 시간으로서 소수점 이하 두 자리까지 표기한다.

(나) 공통시간 : 도장할 부품의 개수나 작업면적과 관계없이 도장할 때 1회의 과정만 시행하는 작업으로서, 퍼티, 프라이머서페이서 등의 건조, 조색 및 도로배합작업, 가열 건조작업을 위한 부스 가동 등에 소요된 작업시간을 말하고, 시간은 소수점 이하 두 자리까지 표기한다.

(다) 할증률

① 보통의 일반적인 도장작업과는 별개로 보수도장 특성상 추가로 작업이 이루어졌을 때 이에 소요된 비용을 할증률(%)로 표기한 것으로서, 할증률에는 작업에 소요된 재료비, 공임, 장비 사용료 등이 반영되어 있다.

② 할증률을 적용하는 도장작업에는 2톤 도장, 폴리싱, 숨김 도장이 해당되며, 작업을 시행한 패널에 대해서만 정해진 할증률을 적용한다.

③ 폴리싱과 숨김 도장의 경우 모럴 리스크를 방지하기 위해 차량의 기술적 특성에 의해 발생한 특별한 경우에만 보상담당자와의 사전 협의를 거쳐 처리한다.

(3) 가열 건조 비용

(가) 열처리를 위하여 부스를 1시간 동안 가동하는 데 소요되는 모든 비용이 포함된 1시간당 열처리 원가를 산출하고, 실제 소요된 작업시간을 곱하여 산출한다.

(나) 1시간당 열처리 원가에는 부스 감가 비용, 인건비, 연료비, 필터 교체 비용, 제잡비, 이윤 등을 포함한다.

(다) 부스 가동시간은 부스 예열시간, 건조시간, 플래시 타임, 냉각 시간 등을 포함한다.

나. 구성 요소별 도장 요금 산출 방법

(1) 도장재료비 산출

(가) 해당 차량의 도장 종류(1 코트, 2 코트, 3 코트)별 도장 테이블을 선택한다.

(나) 도장부품이 교환된 패널인지 판금한 패널인지를 확인하고, 시간 테이블에서 해당 부품의 재료비를 찾는다.

(다) 각 부품의 재료비를 합산하여 재료비 총액을 산출한다.

(2) 도장 시간 산출

(가) 기본시간 산출

① 도장 대상 차량의 도장 종류별 테이블(1 코트, 2 코트, 3 코트)을 찾는다.

② 도장 대상 패널이 교체패널인지 또는 판금 패널인지를 확인하여 해당하는 부품의 도장 기본시간을 적용한다.

③ 할증 적용 도장이 없는 경우

각 부품의 기본시간을 합산하여 총 도장 시간을 산출한다.

④ 할증 적용 도장이 있는 경우

각 부품의 기본시간에 할증률을 곱하여 총 도장 시간을 산출한다.

⑤ 복수의 패널을 도장하는 경우 할증률은 할증작업을 시행한 패널의 기본시간에만 적용한다.

(나) 공통시간 산출

① 공통시간 테이블에서 도장 종류에 해당하는 시간을 찾는다.

② 공통시간은 부품 수와 관계없이 1회만 가산하며, 교환패널의 경우와 판금 패널의 경우를 각각 구분하여 적용한다.

(다) 할증률

할증률 테이블에서 해당하는 할증률을 찾는다.

(2톤 30%, 폴리싱 : 10%, 숨김 도장 : 20%)

(3) 열 처리(가열 건조)비용 산출

열처리 비용은 도장 종류에 적합한 가열건조작업이 시행된 것인지를 확인하고, 가열 건조 비용 테이블에 기재된 비용을 적용한다. (시간당 공임×0.75시간 기준)

5. 도장결함의 종류

가. 크레이터(craters)

도장 표면에 조그만 분화구 모양의 작은 구멍들이 보이는 현상

나. 오렌지 필(orange peel)

도막의 표면이 평활하지 않고 오렌지 껍질과 같은 형상의 모습을 나타내는 현상

다. 은폐 불량(poor covering)

　도막이 완전히 은폐되지 않아 부분적으로 하도도장의 색이 보이는 현상

라. 색 번짐(bleeding)

　하도도장의 착색안료가 상도도료의 용제에 의해 도막 위로 올라와 상도의 색이 다른 색으로 보이는 현상

마. 낙진(dust inclusion)

　도막이 건조되기 전에 먼지 등의 이물질이 상도 표면에 떨어져 박혀 있거나 돌출된 현상

바. 벗겨짐(poor adhesion)

　도막이 전체 또는 부분적으로 분리되어 벗겨지는 현상

사. 스톤 칩(stone chip)

　작은 돌 등의 물체가 도막 표면에 부딪혀 흠집이 발생한 현상

아. 흐름(sagging, running)

　수직면에 도장한 도료의 일부가 흘러내린 현상

자. 부풀음 현상(blistering)

　도막의 표면에 작은 수포들이 부풀어 오르는 현상

차. 솔벤트 팝(solvent pops)

　갓 건조된 도장 표면에 작은 구멍이나 기포가 발생하는 현상

카. 핀 홀(pin hole)

　도장 표면에 바늘구멍 같은 구멍이 생기는 현상

타. 투명도 저하(clouding)

　메탈릭 도장에서만 발생하며 넓은 부위에 얼룩이 지는 현상

파. 색 분리(floating)

　도막의 색이 두 가지 이상의 안료로 배합되었을 때 각 안료의 비중이 다른 데 따른 두 가지 색 이상의 얼룩이 나타나는 현상

제2절 ♤ 견적기법

1. 견적

    가. 견적의 일반적 개념

    상거래를 할 때 발주자가 수주자에게 어떤 상품의 구매 또는 물품의 제작 수리 등의 거래신청에 대하여 수주자가 그 상품의 발매나 물품의 제작 수리에 관한 금액 및 납품기일 또는 품질 등의 거래조건을 발주자에게 명시하는 행위를 말한다.

    나. 자동차 수리비 견적

    자동차 수리비 견적은 고장 차량에 대한 수리비 견적과 사고 차량에 대한 복원 수리비 견적으로 나눌 수 있고, 자동차정비업체에서는 해당 차량에 대한 수리의 범위 및 방법, 항목별 부품 금액 및 재료비, 공임 등의 수리 비용과 수리 소요일수를 산출하여 차량 소유자에게 서식으로 제시하거나 구두로 설명한다. 자동차 소유자는 제시된 내용을 검토하여 수리 여부를 결정하게 되는데, 이때 견적서는 자동차 소유자와 정비업체 간 계약 또는 계약서의 의미가 있다고 할 수 있다.

    한편 사고 차량을 자동차보험으로 처리하는 경우 정비업체에서는 작성된 견적서를 보험회사에 제출하고, 제출된 견적서에 의해 보험회사와 정비업체가 자동차 수리비를 협의하는 경우 견적서는 지급보험금 산정의 기초가 되기도 한다.

    또한 견적서는 사고 차량에 대한 수리의 범위 및 방법, 항목별 부품 금액 및 재료비, 공임 등의 수리 비용과 수리 소요일수 및 수리 완료 예정일 등이 기재된 정비업체의 작업 지시서 역할도 하게 되는데, 작업 현장에서는 견적 내용을 참고하여 작업에 필요한 인원, 부품 수급, 수리 공구 또는 장비, 작업장 확보 등을 하게 된다. 따라서 견적서를 작성하는 것은 정비업체의 당연하고도 필수적인 업무라고 할 수 있다.

    다. 정비업체 견적과 손해사정사 견적의 차이점

    (1) 정비업체 견적

        (가) 차량의 손상 정도와 필요한 수리 내용 파악

        (나) 수리에 필요한 공임, 부품 금액, 도장 요금의 산정

(다) 거래 과정에서의 분쟁 방지를 위한 계약상 자료의 역할
(라) 부품발주를 위한 자료
(마) 현장 작업자에 대한 작업 지시서
(바) 공장경영에 필요한 정보 자료
(사) 차주의 요구에 따른 작업·수리 범위의 결정
  (2) 보상직원(손해사정사)의 견적
(가) 손상 차량의 조사, 확인(보험약관에 기초한 조사가 목적)
(나) 손상 부위의 조사, 확인
(다) 수리 방법 및 비용의 타당성 조사, 확인
(라) 사고와 인과관계에 의해 작업, 수리 범위를 결정

라. 견적서 작성의 자세
 (1) 같은 컨디션 유지
  (가) 정신적 요소 : 냉정한 사고력과 판단력 유지
  (나) 신체적 요소 : 장시간에 걸친 작업 상황이라도 같은 컨디션 유지
 (2) 노고를 아끼지 않음
  형식적인 손상 파악 지양
 (3) 안일한 생각 지양
  (가) 견적작업을 사실과 경험에 비추어 추측하는 자세 지양
    (신뢰성과 설득력이 결여될 우려가 있다)
  (나) 자신이 보유한 기능과 경험을 토대로 한 확고한 판단을 한 것이라는 자신감이 특히 중요
 (4) 독선적인 생각은 금물
  (가) 자신의 식견이 절대적이라는 태도 및 양보를 거부한 독선적인 생각 지양
  (나) 타인의 의견 청취 및 신기술 습득 노력 필요
  (다) 판단 오류의 경우 곧바로 솔직하게 시정하는 것이 중요

마. 견적의 5대 요소
 (1) 자동차 구조
  자동차의 메커니즘과 부품의 재질, 구조와 보급 형태를 파악하고, 작업의 난이도 등을 정확히 판단해야 한다.

(2) 복원 수리 기법

다양한 수리 기법과 효율적인 정비 기기에 대한 지식을 습득하여 교환, 수정 등의 방법을 정확히 판단해야 한다.

(3) 손상진단 및 사고해석

사고상황에 기초하여 공학적인 기초이론을 응용하여 충격과 그 영향을 분석하여 판단해야 한다.

(4) 견적기법

간단한 추측, 관찰만으로 결정하지 않고 탈착 또는 분해 작업 중에 재입회 확인하여 적절한 판단을 내려야 한다.

(5) 공임 산정 지식

공임산출은 표준작업 시간에 공임률을 곱하여 산정한다.

2. 견적 산출 Flow

<표 6-2> 견적 산출과정

손상상태의 파악	정보수집
	사고 차량의 관찰
↓	
수리 방법의 판정	손상상태의 분류
	수리 방법의 판정 요소
↓	
견적 항목의 설정	부품 항목
	작업 항목
↓	
견적서 기재	견적서 양식
	기재순서

가. 손상상태의 파악

자동차 사고는 여러 가지 형태로 발생하고, 그에 따라 손상의 범위, 정도 등이 다양하게 나타나게 된다. 따라서 사고상황에 대하여 정확히 파악하지 않으면 손상 부위를 발견하지 못한다거나 또는 사고와 인과관계가 없는 부위에 대해서도 견적에 포함하는 오류가 발생할 수 있으므로, 특히 보험사고 건의 경우에는 사고와 손상과의 관계에 있어서 상당인과관계 여부에 대해 정확히 파악할 필요가 있다.

나. 정보수집

　병원에서 환자를 진단할 때 의사가 먼저 질문을 통해 환자의 자각증세를 알고 난 뒤 각종 검사를 통해 상 병명을 파악하여 치료하듯이, 차량에 대한 손상진단도 정확하게 하기 위해서는 사고 발생상황에 대해 운전자 등으로부터 잘 파악하는 것이 매우 중요하다.

다. 사고 차량의 관찰
　(1) 외관의 관찰
　(2) 내판, 골격의 관찰(충격의 입력, 파급 경로에 따른 점검)
　(3) 구조적 측면에서의 관찰
　(4) 계측에 의한 파악
　(5) 손상 형태에 의한 파악

3. 견적 작성

가. 견적 항목의 설정
　견적서에 설정되는 항목은 주로 작업 항목과 부품 항목이다.
　(1) 작업 항목
　　(가) 주체 작업 (나) 부대 작업 (다) 부수 작업 (라) 관련 작업 (마) 기타작업
　(2) 부품 항목
　　부품 항목은 보통 교체되는 부품과 필요로 하는 자재. 오일류 등을 항목으로 설정하고 동시에 사용량과 가격을 산정한다.
　　(가) 명확성과 정확성
　　　　견적에는 부품이 어디에 붙어 있고 어떠한 명칭의 부품이라는 명확성과 부품가격의 정확성이 요구된다. 특히 주의를 필요로 하는 것은 다양한 차종 중에서 적정한 부품을 정확하게 선택하는 것이다.
　　　　만약, 이것이 틀리면 사고 차량에 대응하지 못할 뿐 아니라 부품가격도 차이가 생기게 된다. 예컨대 라디에이터는 같은 차종에서도 탑재하는 기관과 트랜스미션에 의해 각각 다르게 된다. 또 다른 부품에서도 상하, 좌우, 전후 방향에 따라 부품의 형태와 가격이 다르다. 따라서 부품 선정에 있어서는 상하, 좌우, 전후 등의 위치 관계와 자동차 제작사의 정식 부품 명칭을 기재해서 정확한 가격을 산정해야만 한다.

(나) 유닛(unit) 부품의 활용

교환 부품에는 어셈블리로 공급되는 것 이외에 구성되는 부품이 각각 부분품으로 공급되는 경우가 있으므로 손상 부위를 정확하게 하여 부품교체를 최소한으로 할 필요가 있다.

나. 견적서 기재 내용과 순서

(1) 견적 작성의 요건

(가) 손상 부위를 정확히 살펴보아야 한다.

관성 손상 여부 및 메커니즘이나 바디의 충격 전달경로 등 확인

예 탑승자와 적재 물품, 엔진의 이동 등

(나) 견적서는 정확하고 보기 쉬어야 한다.

(2) 견적서 기재 내용

(가) 누구

차량 소유자의 주소, 성명, 전화번호 등

(나) 어떤 차

차명, 연식, 등록번호, 차대번호, 최초등록연월일, 차량 형식, 바디 형태, 기관형식, 배기량, 변속기 형식, 등급(그레이드), 특장품, 도장(색상), 주행거리, 시가 등

(다) 어떻게 수리

작업 항목(어느 곳을 어떻게 하는지), 교환 부품

(라) 예상 수리 비용

부품 대금, 공임, 도장 비용, 부대비용(견인·구난 비용, 기타) 등의 합계금액

(마) 기타

입고 관계(입고일, 입고 방법), 수리일 수 등

(3) 기재순서

(가) 기점을 정해서 차량을 일순하는 방법

(나) 작업내용에 따라 부위별, 기능별로 구분하는 방법

(다) 직접 충격을 받은 부분에서 시작하여 충격의 진행 방향에 따르는 방법

(라) 차의 앞부분에서 뒷부분으로, 뒷부분에서 앞부분으로 이동하는 방법

① 견적서 기재순서

| (가)의 방법으로 차량일 순 확인 | : 전체적인 손상상태를 정확히 파악하고 적절한 수리 방법을 예측한다.

↓

| (다)의 방법을 기준으로 최초 기재순서 결정 | : 앞에서 뒤로 또는 뒤에서 앞으로 기재할 것인가에 대한 판단을 한다.

↓

| (나)의 방법으로 그룹화 | : 작업 순서를 기준으로 그룹화한 후 견적 항목을 기재순서에 의해 견적서에 기재한다.

② (다)의 방법을 기준으로 최초 기재순서를 결정하는 방법
  ㉮ 차량의 앞부분이 파손되었을 때
    앞 → 뒤, 외 → 내, 좌 → 우로 기재
  ㉯ 차량의 뒷부분이 파손되었을 때
    뒤 → 앞, 외 → 내, 좌 → 우로 기재

(4) 기재 방법
  (가) 부품 명칭은 제작사 정식명칭을 원칙으로 한다.
  (나) 상하, 좌우, 전후 등 부착 위치의 표시는, 주체 부품에는 부품 명칭의 앞에 부착 위치를 기재한다. 부대 부품은 주체 부품과 구별해서 표시하고 부품 명칭의 앞에 부착 위치를 기재하며, 주체 부품 명칭의 기재는 생략해도 좋다.
  (다) 수량, 용량, 중량(1세트, 1 L, 1kg) 등도 정확하게 기재한다.
  (라) 타이어, 배터리 등은 규격을 명기한다.
  (마) 부품가격은 정확하게 기재한다.
    (정가와 시가의 차이가 큰 부품은 실거래 가격을 조사하여 기재한다)

<표 6-3> 수리 내용의 표시용어

용어	약호	작업내용
점검	I	부품의 불량, 파손 또는 마모된 곳을 점검하는 작업, 특별한 지시가 없는 한 다른 작업을 포함하지 않음
조정	A	작업상의 기능에 대하여 조정 완료할 때까지의 작업
수정	R	부품의 구부러짐, 면의 찌그러짐 등에 대한 수정, 절단, 연마 등의 작업
탈착	R/I	부품을 단순하게 떼어내고 부착하는 작업(점검, 조정 포함)
교체	X	조정 또는 수정을 할 수 없는 상태로 있는 것을 탈착하여 교체하는 작업(점검, 조정 포함)
분해·점검 조립	W	어셈블리 또는 유닛을 완전히 분해하여, 각 구성부품의 점검, 교체, 조립, 조정을 완료할 때까지의 작업
오버홀	O/H	어셈블리 또는 유닛을 완전히 분해하여, 각 구성부품의 점검, 조립, 조정을 완료할 때까지의 작업(탈착을 포함하지 않음)
부품교체		어셈블리의 상태로 탈착해서 주체 부품을 교체 또는 over haul 하는 경우에 일부 사용 가능한 부품을 사용하여 조립하는 작업(점검, 조정 포함)
판금	B	부품의 변형 등을 수정하는 작업
절개		부품 일부를 절단하거나 잘라 내는 작업
절단		타 부품을 잘라 맞추는 작업
용접		가스 또는 전기에 의해 부품을 용접하는 작업
도장	P	선택 방법에 따라서 도장하는 작업
측정		단일작업으로 측정 기구를 가지고 측정하는 방법

※ 이 외에 제작, 보강 등이 있다.
 I : inspection, A : adjustment, R : repair, R/I : remove and install,
 X : exchange, O/H : over haul, P : paint

<표 6-4> 주요 부품의 회사별 명칭

구분	현대자동차	기아자동차	대우자동차
철판 계통 (Steel Panel)	라디에이터 서포터 패널 (radiator support panel)	앞 쉬라우드 패널 (front shroud)	앞 패널(front panel)
	앞 사이드 멤버 (front side member)	앞 프레임(front frame)	앞 롱지튜디널 패널 (front longitudinal panel)
	펜더 에이프런 (fender apron)	휠 에이프런 (wheel apron)	휠 하우스 (wheel house)
	쿼터 패널(quarter panel)	뒤 펜더(rear fender)	쿼터 패널 (quarter panel)
	사이드 실 아우터 패널 (side sill outer panel)	사이드 실 아우터 패널 (side sill outer panel)	로커 아우터 패널 (rocker outer panel)
	백 패널(back panel)	리어 엔드 패널 (rear end panel)	백 어퍼 패널 (back upper panel)
	리어 패키지 트레이 패널 (rear package tray panel)	리어 패키지 트레이 패널 (rear package tray panel)	백 어퍼 패널 (back upper panel)
	뒤 사이드 멤버 (rear side mebmber)	뒤프레임(rear frame)	뒤 롱지튜디널 패널 (rear longitudinal panel)
	테일 게이트(tail gate)	백 도어/리프트 게이트 (back door/lift gate)	테일 게이트(tail gate)
외장 부품 (Exterior Trim)	범퍼 커버(bumper cover)	범퍼 페이스 (bumper face)	범퍼훼시아(bumper facia)
	범퍼 레일(bumper rail)	범퍼 리인포스먼트 (bumper Reinforcement)	임팩트 빔(impact beam)
	휠 가드(wheel guard)	머드 가드(mud guard)	펜더 라이너(fender liner)
	머드 가드(mud guard)	플랩(flap)	머드 가드(mud guard)
	사이드 씰 가니쉬 (side sill garnish)	사이드 실 가니쉬 (side sill garnish)	로커 몰딩 (rocker molding)
	백 패널 몰딩 (back panel molding)	백 피니셔 (rear finisher)	리어 어플리케 (rear applique)
	리어 콤비네이션 램프 (rear combination lamp)	리어 콤비네이션 램프 (rear combination lamp)	테일 램프(tail lamp)
	웨스트 라인 몰딩 (waist line molding)	도어 프로텍트 몰딩 (door protect molding)	도어 프로텍트 몰딩 (door protect molding)

구분	현대자동차	기아자동차	대우자동차
	헤드램프 가니쉬 (head lamp garnish)	헤드램프 가니쉬 (head lamp garnish)	스페이서(spacer)
	크래시 패드(crash pad)	대시 보드(dash board)	instrument panel
	클러스터 페시아 (cluster facia)	미터 후드(meter hood)	몰딩 하우징 (molding housing)
	스티어링 컬럼 쉬라우드 (steering cloumn shroud)	스티어링 컬럼 커버 (steering column cover)	스티어링 컬럼 커버 (steering column cover)
	카울 사이드 드림 (cowl side trim)	프런트 사이드 크림 (front side trim)	대시 사이드 트림 (dash side trim)
	패키지 트레이 트림 (package tray trim)	패키지 트레이 트림 (package tray trim)	백 셀프 트림 (back shelf trim)
	러기지 사이드 트림 (luggage side trim)	트렁크 사이드 트림 (trunk side trim)	리어 사이드 트림 (rear side trim)
	리어 트랜스버스 트림 (rear transverse trim)	트렁크 엔드 트림 (trunk end trim)	백 로어 패널 커버 (back lower panel cover)
	헤드 라이닝(head lining)	톱 실링(top ceiling)	헤드 라이닝(head lining)
	플로어 매트(floor mat)	플로어 매트(floor mat)	카핏(carpet)

(5) 견적서의 점검

　(가) 조사자료의 종합적 점검

　　① 목적이 일치하는가?

　　② 차종 명세를 판별할 수 있는가?

　　③ 수리비가 차량가액을 초과하지는 않는가?

　　④ 계산 착오는 없는가?

　　⑤ 수리 소요일수

　　⑥ 손상 부위는 확인하였는가?

　(나) 조사자료의 명료성

　　① 판독하기 쉬운가?

　　② 견적순서는 체계적으로 기재되었는가?

　　③ 정확한 부품 명칭을 사용하고 있는가?

　　④ 작업 항목표시의 누락, 착오 기재사항은 없는가?

　　⑤ 위치, 수량의 표시는 정확한가?

　　⑥ 부품대, 공임의 누락은 없는가?

(다) 사고상황과 손상의 일치성 점검
　　① 주행 중 사고 또는 정차, 주차 중 사고 여부
　　② 추돌, 역돌 사고 여부
　　③ 충돌 물체 형태와 자차 손상상태의 일치 여부
　　④ 사고상황과 2차 손상
　　⑤ 직접 손상과 파급손상

(라) 조사자료의 기술적 점검
　　① 작업 항목 설정의 적정 여부
　　　㉮ 부품교체 작업의 전체 그룹교환수가 적용 여부(일괄 공임의 산정) 한쪽의 펜더는 탈착이 불필요한데도 앞 패널그룹으로 일괄하여 견적하는 경우가 있다. 이경우 개별 작업 항목을 적산하는 방식이 저렴하다.
　　　㉯ 관련 작업의 분할 산정
　　　　관련 부품을 동시에 탈착하거나 교체할 때는 관련 작업을 공제해야 함에도 개별공임의 적산으로 중복으로 산정하는 경우가 있다.
　　　㉰ 부대 작업을 별도산정
　　　　주체 작업 내의 부대 작업을 별도공임으로 산정하는 경우로서, 예컨대 뒤 펜더 교체에서 트림류, 램프 등의 탈착 또는 교체이나 앞 펜더 교체 작업에서 미러, 마크류의 탈착 또는 교체 공임을 별도항목으로 설정하여 공임을 중복으로 산정하는 경우를 말한다.
　　　㉱ 불필요한 부수 작업의 산정
　　　　작업 범위에서 불필요한 것을 산정하는 경우로서, 뒤 펜더 교체작업에서 루프 헤드 라이닝의 탈착 작업이나 반대편에 주입구가 있는 연료탱크의 탈착 작업 등이 있다.
　　　㉲ 완전히 불필요한 작업의 산정
　　　　작업 방법, 손상의 파급상황 등을 고려할 때 실시하지 않아야 하는 작업이나 도장작업을 할 때 마스킹이 된 부위에 대한 도장요금 산정 또는 사고와는 관련이 없는 도어의 조정 등을 산정하는 경우가 있다.
　　② 공임의 적정 여부
　　　㉮ 교정 및 판금 공임의 과다책정 여부
　　　　교정이나 판금공임이 과다 책정되어 오히려 부품을 교체하는 경우(부품대+교환공임)보다 고액이 되는 경우가 있다.

㈏ 도장 범위의 과대책정
1개의 패널만을 도장하면 되는 것을 다른 패널까지 범위를 확대하여 산정하는 경우가 있다.
㈐ 도장작업 내용의 과다평가
패널의 극히 일부만 판금 작업을 하였음에도 불구하고 작업하지 않은 다른 패널 부위까지도 금액을 전부 산정하는 경우가 있다.
③ 부품교환 여부의 판단
일반적으로 판금이나 수정보다도 부품을 교체할 때 고액이 된다.
㈎ 수리공장에서 부품을 교체하는 이유
㉠ 수리 기술자의 감소
㉡ 부품을 교체할 때 이익이 더 많다.
㉢ 부품을 교체하면 수리를 신속히 할 수 있다.
㈏ 부품교체 요건
㉠ 손상부품의 복원이 불가능할 때
㉡ 기술적으로 복원이 곤란할 때
㉢ 안전성 확보가 곤란할 때
㉣ 복원 작업하는 데 소요되는 비용이 부품교체보다 가격이 비쌀 때
㉤ 떼어내면 복원할 수 없을 때

4. 자동차 부품

가. 보수용 부품의 종류

(1) 순정부품

자동차 제작사에서 공급하는 부품으로서 각사마다 차종별 목록이 있고 여기에는 부품번호와 명칭이 있으며, 부품번호에 의한 부품가격표가 있다.

(2) 사제부품

사제부품은 자동차 제작사의 보증이 없는 부품으로 품질 불량이나 가공결함이 있는 것도 있으며, 가격 면에서도 순정부품 가격보다 싸므로 수리 과정에서 부품을 비순정부품이나 사제부품으로 교체하였을 때는 그 부품가격을 조사하여 인정하여야 한다. 단, 기능 부품을 사제부품으로 사용하는 것은 좋지 않다.

(3) 중고품, 재활용부품

중고품 재활용부품은 재생 전문 업체에서 수리 가능한 부품을 수집하여 판금 또는 부분품 교체를 통해 기능과 성능을 다시 원래의 상태로 복구한 부품이다.
중고품이나 재활용부품을 사용하는 경우
(가) 판금 하거나 잘라서 잇는 것보다는 외관도 좋고 수리 기간도 단축되는 경우
  (중고품으로 교체하는 것이 나을 때)
(나) 신제품의 구매가 곤란할 때
(다) 파손된 부품이 원래 중고품이거나 재생품일 때
(라) 신제품 교체에 따른 감가상각액의 부담이 너무 클 때

(4) 재제조부품

수명이 끝난 부품을 분해, 세척, 재조립, 단품 교체를 통해 신품 수준의 성능/품질로 재제조된 부품

(5) OEM 부품

부품제조사가 완성차업체로 공급하거나, 완성차업체가 승인한 유통채널에서 공급하는 부품

나. 부품별 유통경로

(1) 순정부품

순정부품의 유통경로는 제작사 또는 부품 생산업체로부터 생산된 부품이 생산직매장, 직영 정비사업소(A/S 센터)를 거쳐 부품대리점과 정비공장 또는 최종 소비자에게 유통된다.

(2) 비순정부품

비순정부품은 부품 생산업체로부터 제작사 또는 계열 서비스(A/S)를 경유하지 않고 자사의 독립된 판매망(1차 또는 2차 도매상)을 거쳐 제작사 부품대리점 또는 별도의 대리점을 통해 정비공장 및 최종 소비자에게 유통된다.

(3) 중고, 재활용부품

중고, 재활용부품은 폐차업 또는 정비공장 등으로부터 수집된 재활용 가능한 부품이 재생업체 또는 중고부품 판매상을 거쳐 일정한 단계를 통하여 제작사 부품대리점이나 정비공장 또는 최종 소비자에게 유통된다.

다. 사용 빈도가 높은 중고, 재활용부품
   (1) 보디, 외장
      앞·뒤 범퍼, 도어, 펜더, 후드, 트렁크 리드, 캐빈, 적재함, 헤드램프 등
   (2) 메커니즘
      (가) 에어컨 콘덴서, 에어컨 컴프레서
      (나) 라디에이터, 라디에이터 팬, 스타팅 모터, 알터네이터, 트랜스미션(오토매틱 포함)
      (다) 전자제어 장치(각종 센서 및 ECU 등)
   (3) 주행 및 현가장치
      등속조인트, 쇼크 업소버, 판스프링, 액슬 샤프트 등
   (4) 흡기 및 배기장치
      인터쿨러, 터보차저 등

라. 법규상 재사용이 금지된 주요 자동차 장치 또는 부품
   (1) 차대번호가 표기된 차대 또는 차체
   (2) 조향장치 중 조향기어 기구
   (3) 제동장치 중 마스터 실린더와 배력장치
   (4) 내압 용기 다만, 법 제35조의6 제1항에 따라 내압 용기 검사를 받은 날부터 8년 이하인 압축천연가스 및 액화천연가스 내압 용기는 제외한다.
   (5) 에어백 모듈

   💡 부품 유통 및 재활용 관련 법규
      1. 부품에 부착된 검사필증 또는 포장지에 부착된 상표권을 침해한 경우
         ① 상표법 제1조, 제2조, 제93조에 저촉
         ② 부정경쟁방지법 제1조, 제2조, 제18조에 저촉
      2. 폐차 대상 부품의 재사용 및 수리사용
         자동차관리법 제2조 제5호(시행규칙 제138조) 및 제35조(시행규칙 제57조)에서 폐차 대상 장치 및 해체금지 대상 장치 등을 규정하고 있으며, 동 법규에 금지 대상 부품으로 명시된 부품 이외의 장치(부품)는 재사용 및 재활용을 할 수 있음

마. 순정부품에 부착된 검사필증 및 상호 식별 방법
  (1) 검사필증 식별 방법
    (가) 홀로그램 선명도가 높고 고급화된 특징이 있다.
    (나) 현대는 H로고 바탕 위에 'MOBIS' 글자를 색인, 기아는 KIA로고 바탕 위에 'MOBIS' 글자를 색인
    (다) 홀로그램을 떼어내면 홀로그램이 붙어 있던 자리에 'MOBIS'라는 글자가 나타난다.
  (2) 제조업체 상표 또는 제품 포장지 식별 방법
    위조된 포장지는 마크 인쇄가 다소 조잡하고 컬러가 다른 점을 확인함으로써 식별할 수 있으나 최근에는 위조품이 정밀하게 인쇄되어 확인이 곤란한 때도 있다.

바. 주요 부품별 순정부품 및 비순정부품, 재활용부품 식별기법
  (1) 등속조인트(CV) 식별기법
    (가) 순정부품의 점검 사항
      ① 부품 포장지의 포장 상태, 제조업체 상표, 시리얼 넘버, 검사필증(홀로그램)을 확인
      ② 부품의 포장이 제조업체 상표가 명확한 포장지로 포장되어 있다.
    (나) 재활용부품의 점검 사항
      ① 부품 포장지의 포장 상태, 제조업체 상표 등을 확인한다. (정상적으로 포장이 어렵다)
      ② 등속조인트 슬리브 부위 및 너트 체결 부위에 마모나 긁힘 흠집이 있다.
      ③ 고무 부트 밴드 체결상태가 조잡하거나 밴드 체결 위치가 일직선으로 고르지 못하다.
  (2) 스티어링 기어박스 식별기법
    (가) 순정부품의 점검 사항
      ① 부품 포장지의 포장 상태, 제조업체 상표, 시리얼 넘버, 검사필증(홀로그램)을 확인
      ② 부품의 포장이 제조업체 상표가 명확한 포장지로 포장되어 있다.
    (나) 재활용부품의 점검 사항
      ① 고무 부트 밴드 체결상태가 조잡하고, 밴드 체결 위치가 일직선으로 고르지 못하다.

② 스티어링 축이 조립되는 슬리브 부위와 엔드 파이프 체결 부위에 마모나 흠집이 있다.

③ 기어박스 바디에 충돌 흔적이나 재 도장 흔적이 있으며, 기어박스를 부착하는 브래킷에 볼트 체결 흔적이 있거나 오일 파이프 연결지점에 이물질이 묻어 있다.

※ 현행 법규상 스티어링 기어박스와 등속조인트를 재활용하는 것은 법규에 저촉되는 사항이다.

(3) 라디에이터 식별기법

(가) 라디에이터는 재활용이 매우 일반화되어 있는 부품으로 재활용 업체의 상표로 공급된다.

(나) 승합차 및 화물차용 라디에이터는 황동 재질로 되어 있고, 라디에이터 코어가 별도로 공급되므로 신품과 유사한 형태로 재생할 수 있다.

(다) 승용차용은 코어가 알루미늄 재질이고 부분 손상된 중고부품을 분해하여 재사용 가능한 부분품을 조립하여 재활용하는 것이 일반적이다.

(라) 재활용 부품은 라디에이터 코어 부위의 방열판이 조밀하지 못하고, 긁힘 흔적이 있으며, 전체적으로 재도장한 흔적이 나타나고 라디에이터 호스 연결구와 오일 냉각 파이프(자동변속기용) 끝단 또는 수온 센서 장착 부위 주변에 이물질이 묻어 있다.

(4) 에어컨 콘덴서 식별기법

(가) 비순정부품의 점검 사항

① 일반 사제품과 비교해 코어의 방열 핀 개수가 조밀하며, 포장 상태가 양호하고 제조업체 상호표기 및 검사필증이 부착되어 있다.

② 에어컨 파이프 연결부위가 원형 또는 타원형이고, 고무 캡이 씌워져 있는지 및 콘덴서 장착 브래킷 형상이 둥글거나 사각 형태 여부를 통해 제조업체를 구별한다.

(나) 재활용부품의 점검 사항

① 에어컨 콘덴서는 재활용이 매우 일반화되어 있는 부품으로 경미하게 손상된 부품을 수리하여 재활용하는 형태이다.

② 재활용 부품은 코어 부위의 방열 핀이 고르지 못하고, 긁힘 흔적이 있으며, 전체적으로 재도장한 흔적이 나타나고, 에어컨 파이프 연결구 및 주변부품 부착부에 도장 흔적이나 이물질이 묻어 있다.

③ 제품의 포장 상태가 조잡하고 제조업체 상호나 품질 검사필증이 부착되지 않는다.

(5) 기타 비순정부품 유통실태
   (가) 헤드램프 전구, 브레이크 라이닝, 머플러, 에어클리너 필터 등 주로 소모성 부품의 경우 비순정부품이 매우 광범위하게 유통되고 있으며, 독자적인 브랜드로 신뢰성을 얻고 있는 제품도 있다.
   (나) 비순정부품을 순정부품으로 포장하여 유통되는 경우도 종종 있으며, 이경우 상표법에 저촉되어 처벌을 받게 된다.

5. 수리공임

가. 수리 공임의 정의

 기술적인 요소인 표준작업시간(SOT : standard operation time)과 사회적, 경제적 요소인 공임률(labor rate)의 적산 방식에 의하여 산출되는 금액을 말한다.

나. 수리 공임의 종류
 (1) 탈착, 교체, 분해, 조립, 조정공임
   (가) 탈착
    부품을 단순하게 떼어내고 장착하는 작업이며, 별도로 정하지 않는 한 다른 작업을 포함하지 않는다.
   (나) 교체
    부품을 교체하는 작업이며, 교체 후의 조립 및 조정 등을 완료할 때까지의 모든 작업을 포함한다.
   (다) O/H(오버홀)
    어셈블리를 분해하고 각 구성부품의 점검, 수정, 교체, 조립, 조정 등을 포함하여 완료할 때까지의 모든 작업을 말한다.
   (라) 조정
    작동 상의 기능에 대하여 조정하는 작업이며, 완료 시에 필요로 하는 시험 등을 포함한다.

탈착·교체 공임 = 탈착·교체 공임 표준 작업시간 × 탈착·교체 공임률

---

 (2) 판금 작업 공임
   판금 작업 공임은 수리업체의 판금 작업 시간에 공임률을 곱하여 산출한다.

(3) 도장공임

도장공임은 「도장료 테이블」의 차명별, 도장 코트별, 도장부위별로 판금의 경우와 교체의 경우를 구분하여 명기된 도장 요금 인정기준(재료비+도장공임+가열건조비)을 적용하고 있다.

다. 수리 공임산출 기초 지식
(1) 작업시간의 개념

근로기준법에서 정한 근로시간은 실제 일하는데 소요된 실제 근로시간과 휴식 시간으로 구분된다. 그러나 실제 근로시간도 자세히 살펴보면 손상 자동차의 수리에 몰두하고 있는 직접 작업시간과 공장 청소 및 훈시, 교육 등에 소요되는 간접작업시간, 수주나 부품대가 등에 소요되는 작업대기 시간(필요한 준비시간 포함)으로 구분된다.

(2) 직접 작업시간

작업시간은 정미 작업시간과 여유시간으로 구성된다. 정미 작업시간은 실제로 수리 작업에 소요된 시간으로서 준비시간을 포함한다. 여유시간은 정미 작업을 수행하는 데 인적, 물적으로 필요한 시간으로서, 일반적으로 그 발생이 불규칙적이고 우발적이기 때문에 편의상 발생률과 평균 시간 등을 조사하고 측정하여 정미 작업시간에 부가시키는 방법을 채택하고 있으며, 세부적으로는 다음과 같이 분류된다.

<표 6-5> 근무시간 분류

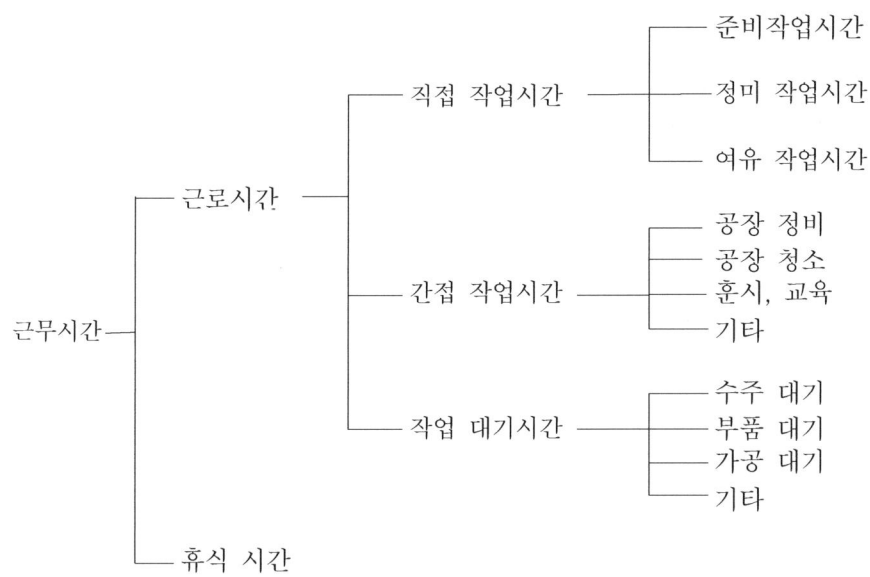

라. 표준작업 시간(SOT : Standard Operation Time)
 (1) 표준작업의 개념
  같은 작업이라도 공장설비나 작업자의 기능, 작업속도 등에 따라 작업에 걸리는 시간은 상당한 차이가 발생하게 된다. 이러한 상황을 손해사정사가 case by case 로 대응하기에는 문제가 있으므로 실무에서는 표준작업 시간을 정하여 운용하고 있는데, 표준작업 시간 이란 수리 작업에 필요한 작업절차, 공법 등의 기술적인 문제를 표준화한 것을 말한다.
 (2) 표준작업 시간의 정의
  일정 기술 수준이 있는 작업원이 어느 표준화된 작업환경, 작업 용구 및 작업 방법에 따라 통상의 작업속도로 특정 작업을 완성하는 데 소요되는 작업시간을 말한다.
 (3) 필요성
  (가) 적정한 공임산출을 위해 : 표준작업 시간 × 공임률 = 공임
  (나) 작업관리를 위해 : 표준작업 시간에 의해 수리 완료일이 산정된다.
  (다) 경영합리화를 위한 참고자료로 활용하기 위해서이다.

(4) 필요조건(표준 5조건)
　(가) 표준작업자
　　　자동차 정비 경력 5년 이상 또는 자동차정비기능사 2급 이상의 자격을 보유한 작업자를 말한다.
　(나) 표준공장
　　　손상 차량을 복원 수리하는 데 필요한 일정 수준의 작업장 설비, 장비나 공구 등을 갖추고, 자동차관리법상의 인가기준에 따라 설립된 소형자동차 또는 종합자동차 정비공장을 말한다.
　(다) 표준차량
　　　국내 자동차 등록 대수, 자동차 보유기간, 차량 모델별 생산 대수 및 판매 기간 등을 고려하여 선정한 차량으로서, 출고 후 운행 기간이 1~3년 정도이고, 주행거리가 2~5만km/h인 경미한 손상상태의 차량을 말한다.
　(라) 표준부품
　　　자동차 제작사에서 수리용 부품으로 직접 출하된 것으로서, 제작사 발행의 카탈로그 또는 부품에 부품번호가 수록된 순정부품을 말한다.
　(마) 표준 작업속도
　　　표준작업자가 처리해야 할 작업량의 누적 또는 업무 실적에 따른 수당 지급 등을 통하여 작업속도를 높이려고 자극하거나 육체적, 정신적으로 컨디션이 저하 되어 작업속도가 늦어지는 등의 요인을 배제한 평상시의 작업속도를 말한다.

(5) 표준작업 시간의 구성

```
표준 작업시간
= 준비 작업시간 + 정미 작업시간 + 여유 작업시간
= (정미 작업시간×준비율) + 정미 작업시간 + (정미 작업시간 × 여유율)
= 정미 작업시간 × (1 + 준비율 + 여유율)
```

　(가) 준비 작업시간
　　　정미 작업을 하기 위하여 꼭 필요한 준비사항을 시간상으로 표준화한 것이며, 차량의 입고 및 출고, 작업 지시서의 읽고 쓰기, 공구 준비, 수납, 부품준비, Scrap 폐기 등에 소요되는 시간이다.

(나) 정미 작업시간

순수하게 생산에 직접 이바지한 작업시간을 표준화한 것이며, 탈착, 분해, 검사, 교체, 수리, 조립, 조정, 중간검사 등의 작업시간을 말한다.

(다) 여유 작업시간

정미 작업을 하면서 불규칙적으로 발생하는 물적, 인적 사유에 의하여 지연되는 시간을 표준화한 것이며, 공장 여유, 작업여유, 생리여유, 피로여유 등으로 구분된다.

(6) 표준작업 시간 산출 시 고려하여야 할 사항

(가) 기본조건

① 신뢰성

과학적 방법을 이용, 신뢰를 확보하여야 한다.

② 보편성

작업자의 작업속도가 일반적 수준이어야 한다.

③ 용이성

작업난이도가 분명하고 작업 방법 설정이 쉬워야 한다.

④ 경제성

작업시간 산출 기간이 적절하여야 한다.

⑤ 공정성

작업기법 등의 변화가 적어야 한다.

(나) 손상성과 수리성 반영

일반정비에 대한 표준작업 시간 산출은 정상적인 상태에서 부품을 교체하는 데 소요되는 작업시간을 산출하나, 자동차 수리에 대한 표준작업 시간 산출은 손상된 차량을 사고 나기 전의 상태로 복원 수리하는 복잡성을 내포하고 있으므로 손상 부위와 손상 정도 등에 따라 인접 부위에 대한 눌림, 간섭, 비틀림 등에 대해서도 작업시간 산출에 적절하게 반영되어야 한다.

(다) 중복 작업시간 반영

작업시간은 수리비에 결정적인 영향을 주게 되므로 손상 차량에 대한 표준작업 시간을 산출하는 경우 작업 부위에 대해 실측을 통해 조립구조, 부품 위치 등을 파악, 수리 범위에 따라 중복되는 작업시간을 반영하여야 한다.

마. 가동률

작업자의 전체 근로시간 중 직접 작업시간이 차지하는 비율을 말하며, 가동률에 의해 공장 전체의 가동상황을 알 수 있다. 즉 정비업체의 경영에 있어서 가동률은 매우 중요한 지표 중의 하나이다.

가동률(%) = (직접 작업시간/실제 근로시간) × 100%

바. 작업 능률

표준 작업시간과 작업자의 직접 작업시간과의 비율을 말하며, 작업자의 효율성을 나타내는 척도라고 할 수 있다.

작업 능률(%) = (표준 작업시간/직접 작업시간) × 100%

<표 6-6> 가동률과 작업 능률 상관관계

작업 예정 시간 (5시간)	실제 작업시간	
	4시간	6시간
작업 능률	좋음	나쁨
가동률	나쁨(50%)	좋음(75%)
상관관계	① 입고량이 많을수록 가동률이 상승함 ② 공임 매출이 증가	① 입고량이 많을수록 가동률이 하락함 ② 공임 매출 감소

사. 공임률

(1) 공임률의 정의

공임률이란 「정비업체의 시간당 정비 원가에 적절한 이익률을 반영한 것, 즉 정비업체를 운영하는 데 필요한 총경비에 의하여 산출되는 작업자 1인당, 1시간당 공임 매출」을 말한다. 따라서 정비업체별 투입된 원가의 규모(시설, 장비, 인건비 등)에 따라 공임률이 산정되므로 정비업체별로 공임률은 다르게 산정될 수밖에 없다.

결론적으로 표준작업 시간은 수리비를 산출하면서 기술적인 기준이 되고, 공임률은 정비업체의 경영상 기준이 된다.

※ 월간 공임 총원가 계산

1시간당 공임 총원가 = 공임 총원가(월간) / 실제 가동시간(월간) × 가동률
= 작업자 1인의 1시간당 평균 공임 총원가(월간)

(2) 공임 총원가
   (가) 직접노무비(작업자 인건비 등)
      작업자의 급여, 상여, 퇴직급여, 복리후생비, 제 수당 등
   (나) 공장 관리비
      수도·광열비, 공장시설물의 수선비, 임차료, 제세공과비, 화재보험료, 기타 소모품(왁스, 석유 등) 등 공상관리에 관한 모든 경비
   (다) 공장 감가상각비
      정비 부문에 속하는 고정자산(공장건물, 정비용 기기, 검사기기 등)의 감가상각비 합계
   (라) 일반 관리비
      사업 전반에 소요되는 비용으로서, 매출 분류의 공임 매출, 부품재료매출, 외주매출, 겸업 매출 등에 소요되는 경비를 말한다. 일반 관리비에는 임원의 보수, 공장 간접인원과 사무직원의 인건비, 보험료, 사무용품 대, 여비, 교통비, 공장 이외의 감가상각비 등이 있다.

(3) 이익률
   이익률을 산출하는 방법으로는 두 가지의 이익관리 방법이 있다.
   (가) 매가에 대한 이익률
      매가 대비 이익률 : (매출 매가 − 매출원가) / 매출 매가 × 100
   (나) 원가에 대한 이익률
      원가 대비 이익률 : (매출 매가 − 매출원가) / 매출원가 × 100

차량대물 손해사정Ⅲ

제3장

교통사고 관련 불법행위

제1절 불법행위

제2절 교통사고 관련 책임

제3절 교통사고처리 특례법

제4절 자동차손해배상 보장법상 불법행위

제1장 교통사고 관련 불법행위

제1절 ♠ 불법행위

1. 불법행위의 의의

가. 의의

　법률의 근본 목적에 어긋나고 법률질서를 깨트리는 행위로서 법률이 그 본질상 허용할 수 없는 행위, 즉 고의 또는 과실로 인한 위법한 행위로 타인에게 손해를 입히는 행위를 말하며, 행위자는 그 행위로 말미암아 생긴 타인의 손해를 배상하여야 한다. 따라서 불법행위는 손해배상책임의 발생 원인이 된다.

예

① 자동차 사고로 사람을 죽게 하거나 다치게 하는 행위
② 타인의 생명·신체에 폭행, 감금, 살인 등 위해를 가하는 행위
③ 의사가 수술 또는 진료상의 과실로 타인을 사상케 하는 행위
④ 국가 공권력의 부당한 행사나 영조물의 설치 또는 관리 하자로 인하여 타인에게 손해를 입히는 행위

　또한 위법한 행위를 한 행위자는 형사책임을 지기도 하는데, 형사책임은 사회에 대한 책임으로서 형벌로 과해지나, 불법행위책임은 피해자가 입은 손해를 채워주는 데 목적을 둔 피해자에 대한 책임이라는 점에서 양자는 구별된다.

나. 과실책임과 무과실책임

과실책임은 고의 또는 과실로 인한 위법한 행위로 타인에게 손해를 입힌 경우에만 행위자가 손해배상책임을 지는 것을 말한다.

민법 제750조(불법행위의 내용)에서 「고의 또는 과실로 인한 위법행위로 타인에게 손해를 입힌 자는 그 손해를 배상할 책임이 있다.」라고 규정되어 있는 점을 참작할 때 우리나라 민법은 과실책임주의를 채택하고 있다고 보아야 할 것이다. 즉 민법에서는 고의 또는 과실로 인한 위법한 행위로 타인에게 손해를 입힌 경우에만 행위자가 피해자에 대하여 책임을 지게 된다.

과실책임에 대립하는 개념으로서, 무과실책임이란 가해자에게 과실이 없더라도 그 가해자의 행위 때문에 손해가 생기면 피해자에게 그에 따른 배상책임을 지는 것을 말한다. 예컨대, 과실이 전혀 없는 자동차에 탑승 중인 승객이 중앙선 침범한 다른 자동차에 의해 다쳤으면 그 자동차의 보유자가 자기 자동차의 승객에 대하여 손해를 배상하는 것 등이 그러한 예이다.

2. 일반불법행위의 성립요건

가. 요건

(1) 가해자의 고의 또는 과실이 있을 것 ─┐
(2) 행위자에게 책임능력이 있을 것 ─────┴─ 주관적 요건
(3) 행위가 위법할 것 ─────────────┐
(4) 위법한 행위로 인하여 손해가 생길 것 ─┴─ 객관적 요건

현행법은 타인의 행위에 대하여 책임을 지는 것이 아니라 자기 자신의 행위에 대하여 책임을 진다는 원칙이 확립되어 있다. 이것을 자기책임의 원칙이라 한다. 그런데 민법에서는 친권자가 자녀의 행위에 대하여 또는 사용자가 피용자의 행위에 대하여 책임을 지는 경우가 있는데(민법 제755조, 제756조), 이는 타인의 행위에 대하여 책임을 지는 것이 아니고 타인을 감독할 의무가 있는 자가 그 감독상의 주의를 게을리하였다는 자기의 과실에 따라 책임을 지는 것이다.

> 고의와 과실
>
> (1) 고의
>   일정한 결과가 발생하리라는 것을 알면서 감히 어떠한 행위를 하는 심리상태를 말한다. 또한 일정한 결과가 생길지도 모른다는 것을 인식하면서 감히 어떠한 행위를 하는 때에는 미필적 고의로서, 역시 고의가 된다.
> (2) 과실
>   일정한 결과가 발생할 것을 알아야 함에도 주의를 다하지 못하여 그것을 알지 못하고서 어떠한 행위를 하는 심리상태를 말한다.
> (3) 고의와 과실의 차이
>   고의는 결과 발생을 인식하고 있었다는 것이고, 과실은 결과 발생을 인식하지 못한 상태였다는 것이다.

나. 증명책임

고의·과실은 불법행위의 성립요건이므로 그 증명책임은 불법행위의 성립을 주장하는 손해배상 청구권자, 즉 피해자에게 있다.

다. 책임능력

 (1) 의의

   가해자가 손해배상책임을 지기 위해서는 책임능력이 있어야 한다. 책임능력이란 자기의 행위가 위법이라는 것을 인식할 수 있는 능력을 말하는데, 민법 제753조와 제754조에서 「그 행위의 책임을 변식할 지능이 없는 때」 또는 「심신상실일 때」에 타인에게 손해를 입혔을 때 손해배상책임이 없다는 규정에서 책임능력의 근거를 찾을 수 있다. 여기에서 「책임을 변식한다」라는 의미는 자기 행동의 결과를 인식하고 그 행위가 법률적으로 허용되지 않으며, 그것을 감히 행한다면 법률상 책임을 지게 된다는 것을 인식할 수 있는 정신 능력을 말한다.

 (2) 미성년자의 책임능력(민법 제753조)

   미성년자가 타인에게 손해를 가한 경우에 그 행위의 책임을 변식할 지능이 없는 때에는 배상의 책임이 없다.

 (3) 심신상실자의 책임능력(민법 제754조)

   심신상실 중에 타인에게 손해를 가한 자는 배상의 책임이 없다. 그러나 고의 또는 과실로 인하여 심신상실을 초래한 때에는 그러하지 아니하다.

라. 위법성
가해행위에는 위법성이 있어야 한다.
(1) 위법의 뜻
위법이란 법규위반뿐만 아니라 선량한 풍속이나 기타 사회질서를 어지러트리는 행위 등을 포함한다. 따라서 가해행위에 대한 위법 여부에 관하여는 '피침해 이익'과 '침해행위'의 두 가지 측면을 고려하여 판단하여야 한다.
(가) 피침해 이익
피침해 이익은 소유권과 같이 절대적으로 강한 권리로부터 무형의 권리에 이르기까지 여러 가지 형태의 것이 있으나 크게는 물권적인 것, 채권적인 것, 인격적인 것 등으로 나눌 수 있다.
(나) 침해행위의 형태
① 형법 법규 위반행위　　　② 단속법규 위반행위
③ 사회질서 위반　　　　　　④ 권리도용
⑤ 부작위에 의한 불법행위 : 작위와 대응하는 것으로서, 보통의 범죄는 적극적인 작위에 의해 실현되는 작위 법이 일반적이나 특수한 경우에는 소극적으로 아무런 행위를 하지 않는 부작위로서 범죄가 성립되는 경우가 있다.

> **예**
> 산모가 아기에게 젖을 먹이지 않아 아기를 굶어 죽게 하는 경우, 남의 집에서 퇴거 요구를 받고도 불응하고 퇴거하지 않는 경우 등

(2) 위법성의 조각
보통은 위법성이 있는 경우라 하더라도 어떤 특수한 사유로 인하여 위법성이 없는 것으로 되는 경우가 있는데 이를 위법성의 조각이라 한다.
(가) 정당방위
타인의 불법행위에 대하여 자기 또는 제삼자의 이익을 방위하기 위하여 부득이 손해를 끼친 자는 그 손해를 배상할 책임이 없다. 또한 정당한 사무관리 및 법령에 바탕을 둔 정당한 업무 행위는 위법성을 조각한다.

> **예**
>
> A가 B의 폭행을 피하고자 C 소유의 자동차를 손상하고 도주하였을 때 A의 행위는 C에 대하여 불법행위가 성립되지 않는 데 반하여 C는 B에 대하여 손해배상 청구가 가능하다.

> **민법 제761조** 정당방위, 긴급피난
>
> ① 타인의 불법행위에 대하여 자기 또는 제삼자의 이익을 방위하기 위하여 부득이 타인에게 손해를 가한 자는 배상할 책임이 없다. 그러나 피해자는 불법행위에 대하여 손해의 배상을 청구할 수 있다.
> ② 전항의 규정은 급박한 위난을 피하기 위하여 부득이 타인에게 손해를 가한 경우에 준용한다.

  (나) 긴급피난

    급박한 위난을 피하고자 부득이 타인에게 손해를 입혔을 때 그 가해행위는 위법성이 없다.

  (다) 피해자의 승낙

    법에 규정은 없으나 피해자의 승낙이 있으면 원칙적으로 위법성이 조각된다.

마. 손해의 발생과 인과관계

 (1) 손해의 발생

  (가) 손해의 개념

    불법행위가 성립하려면 가해행위에 의해 손해가 발생하여야 하고, 여기에서 손해는 법익에 관하여 받은 불이익을 뜻하는 것으로서, 재산적 손해이건 비재산적 손해이건 묻지 않는다.

  (나) 증명책임

    손해배상 청구권자, 즉 피해자에게 있다.

 (2) 인과관계

    가해자가 배상하는 손해는 가해행위로서 피해자에게 입힌 손해이므로 가해행위와 손해 발생과의 사이에는 인과관계가 있어야 한다. 여기에서 인과관계의 범위는 이른바 상당인과관계를 의미하며, 상당인과관계란 일정한 원인이 존재할 때 일정한 결과를 발생케 하는 것이 통상적인 경우, 즉 A라는 사실과 B라는 사실이 원인과 결과의 관계에 있을 때 A와 B는 인과관계가 있다고 하고, 이러한 인과관계는 무한히 계속하여 연결될 수 있다. 이렇게 무한히 연결되는 모든 원인을 사고의 원인으로 보기에는 문제가 있으므로 이를 한정할 필요가 있다.

따라서 민법에서는 원인과 결과 사이에 상당인과관계가 있는 때에만 그 원인을 사고원인으로 하고 있으며, 그 원인 행위자가 피해자에 대하여 손해배상책임을 짐과 동시에 사고와 상당인과관계가 있는 손해에 대하여 배상책임을 지게 되는데, 이를 손해배상의 범위라고 한다. 즉 상당인과관계란 인과관계의 정도가 상당한 것을 의미하는 것으로서, 선행 사실이 있을 때 그 결과 발생이 일반적이고 통상적일 때 '상당인과관계가 있다'라고 한다.

(3) 손해배상의 범위
  (가) 통상손해
    어떠한 불법행위가 있으면 사회 일반의 관념에 따라 통상(보통) 발생할 것으로 생각되는 범위의 손해를 말하며, 채무불이행이나 불법행위로 인한 손해배상은 통상의 손해를 한도로 한다. (민법 제393조1항)
  (나) 특별손해
    다른 동종의 사건의 경우에는 반드시 발생한다고 할 수 없으나, 그 불법행위 외의 특별한 사정이 있었기 때문에, 그 특별한 사정이 경합하여 원인을 이룸으로써 발생한 손해를 특별손해라 한다. 우리나라 민법에서는 "특별한 사정으로 인한 손해는 채무자가 그 사정을 알았거나 알 수 있었을 때 한하여 배상책임이 있다"라고 규정(민법 제393조2항)하고 있다.

| 민법 제393조 | 손해배상의 범위 |

① 채무불이행으로 인한 손해배상은 통상의 손해를 그 한도로 한다.
② 특별한 사정으로 인한 손해는 채무자가 그 사정을 알았거나 알 수 있었을 때에 한하여 배상의 책임이 있다.

3. 불법행위의 효과

  불법행위의 요건이 충족되면 그 효과로서, 피해자는 가해자에 대하여 손해배상청구권을 가진다. (민법 제750조 참조)

가. 손해배상청구권 발생

　피해자는 가해자에 대해 손해배상청구권을 가진다.

나. 손해배상 방법

　(1) 금전배상 원칙

　　우리나라는 민법상 재산적 손해와 정신적 손해까지도 금전배상을 하도록 하고 있다. (민법 제394조, 민법 제763조 참조) 금전배상은 손해를 평가하면서 당사자에게도 편리할 뿐 아니라 모든 가치의 평가는 금전으로 하는 것이 일반적이기 때문이다.

민법 제394조	손해배상의 방법

다른 의사표시가 없으면 손해는 금전으로 배상한다.

　(2) 원상회복

　　다음과 같이 예외적으로 금전배상이 아닌 원상회복의 방법이 인정되는 경우가 있다. (민법 제764조 참조)

　　(가) 명예훼손에 대한 손해배상과 명예 회복
　　(나) 부정경쟁방지법 규정에 따른 상표·상호 도용에 대한 원상회복
　　(다) 당사자 사이의 의사 합치 등

민법 제764조	명예훼손의 경우의 특칙

타인의 명예를 훼손한 자에 대하여는 법원은 피해자의 청구에 의하여 손해배상에 갈음하거나 손해배상과 함께 명예 회복에 적당한 처분을 명할 수 있다.

다. 손해배상의 종류

　(1) 재산적 손해

　　(가) 소극적 손해

　　　　장래에 얻을 수 있었던 이익, 즉 그 목적물로 인하여 새로운 이익을 얻을 수 있었던 것을 못 얻음으로써 발생한 손해(기대이익 등)

　　(나) 적극적 손해

　　　　기존의 이익을 상실하거나 감소시킴으로써 발생한 손해

(2) 정신적 손해(비재산적 손해)

위자료 등(정신적 손해는 때에 따라 특별한 손해, 즉 특별손해로서 인정되지 않는 경우가 많다)

라. 과실상계

불법행위로 인하여 손해가 발생하였을 때 그 불법행위의 성립이나 손해의 발생 또는 손해의 확대 등에 관하여 피해자의 과실(또는 기여도)이 있게 되면 손해배상책임이나 그 금액을 정함에 있어서 피해자의 과실만큼 참작하는 것을 말한다.

| 민법 제396조 | 과실상계 |

채무이행에 관하여 채권자에게 과실이 있는 경우 손해배상의 책임 및 금액을 정함에 있어 이를 참작하여야 한다.

| 민법 제763조 | 준용 규정 |

제393조, 제 394조, 제396조, 제399조는 불법행위로 인한 손해배상에 준용한다.

4. 민법상 특수한 불법행위

민법상 특수한 불법행위란 민법 제750조에서 정하고 있는 일반불법행위의 성립요건과는 다른 특수한 성립요건이 정해져 있는 불법행위를 말한다. 즉 일반불법행위에 있어서는 과실책임주의 또는 자기책임의 원칙이 적용되어 자기의 고의·과실에 의해 타인에게 손해가 발생하였을 때 그에 대한 배상책임이 불법행위자에게 발생하는 데 반하여, 특수한 불법행위에서는 몇 가지 예외 규정을 두어 손해배상책임의 주체를 확대함으로써 피해자를 보호하고 있다. 특수한 불법행위는 민법의 규정과 특별법의 규정(자배법, 국가배상법)에 따른 것으로 구분된다.

가. 책임 무능력자와 감독자의 책임

(1) 책임의 성질

자기의 행위에 대한 책임을 변식할 만한 지능을 가지지 못한 미성년자 또는 심신 상실증이 있는 자가 불법행위로 인하여 타인에게 손해를 입힌 때에는 책임 무능력자로서 배상책임 능력이 없으므로 위법행위에 대하여 책임을 지지 않으며, 이경우 책임 무능력자를 감독할 의무가 있는 자와 감독의무자에 갈음하여 무능력자를 감독하는 자는 감독을 게을리하지 않았다는 것을 입증하지 못하는 한 그 손해를 배상할 책임을 진다. (민법 제753조, 제754조, 제755조 참조)

(2) 감독자

민법 제755조에 의하면 감독자는 책임 무능력자를 감독할 법정 의무자와 감독의무자에 갈음하여 무능력자를 감독하는 자로 규정하고 있다. 책임 무능력자의 법정 감독의무자는 미성년자의 경우 친권자(민법 909조, 제911조), 후견인(민법 제928조)이고, 피성년후견인의 경우는 성년후견인(민법 제936조)이다.

민법 제755조   감독자의 책임

① 다른 자에게 손해를 가한 사람이 제753조 또는 제754조에 따라 책임이 없는 경우에는 그를 감독할 법정의무가 있는 자가 그 손해를 배상할 책임이 있다. 다만, 감독의무를 게을리하지 아니한 경우에는 그러하지 아니하다.
② 감독의무자를 갈음하여 제753조 또는 제754조에 따라 책임이 없는 사람을 감독하는 자도 제1항의 책임이 있다.

민법 제753조   미성년자의 책임능력

미성년자가 타인에게 손해를 가한 경우에 그 행위의 책임을 변식할 지능이 없는 때에는 배상의 책임이 없다.

민법 제754조   심신상실자의 책임능력

심신상실 중에 타인에게 손해를 가한 자는 배상의 책임이 없다. 그러나 고의 또는 과실로 인하여 심신상실을 초래한 때에는 그러하지 아니하다.

> **용어 해설**
>
> ▶ 친권자
> 친권을 행사할 권리·의무를 지는 자를 말한다. 미성년자는 부모의 친권에 복종하여야 하는데, 친권은 부모가 혼인 중인 때에는 부모가 공동으로 이를 행사하나, 부모의 의견이 일치하지 않을 때는 당사자의 청구에 따라 가정법원이 이를 정하고, 부모의 일방이 친권을 행사할 수 없을 때는 다른 일방이 이를 행사한다.
>
> ▶ 후견인
> 심신상실 상태에서는 자기 행위에 관한 결과를 판단할 능력이 없으므로 때문에 미성년자·금치산자·한정치산자를 보호·감호하고 그의 법률행위 대리 및 재산을 관리하는 사람으로서, 우리나라 민법은 후견인을 두도록 규정하고 있다. (민법 제928조, 민법 제929조, 민법 제936조 참조)[시행일 2013.07.01]

나. 사용자의 배상책임(민법 제756조)

피용자의 불법행위에 대하여 사용자에게 배상책임을 지도록 하는 것은 피해자를 보호하기 위함이며, 이익이 있는 곳에 손실도 귀속되어야 한다는 「보상책임의 원리」에도 부합된다고 할 수 있다.

> **민법 제756조** 사용자의 배상책임
>
> ① 타인을 사용하여 어느 사무에 종사하게 한 자는 피용자가 그 사무 집행에 관하여 제3자에게 가한 손해를 배상할 책임이 있다. 그러나 사용자가 피용자의 선임 및 그 사무 감독에 상당한 주의를 한 때 또는 상당한 주의를 하여도 손해가 있을 경우에는 그러하지 아니하다.
> ② 사용자에 갈음하여 그 사무를 감독하는 자도 전항의 책임이 있다.
> ③ 전 2항의 경우에 사용자 또는 감독자는 피용자에 대하여 구상권을 행사할 수 있다.

(1) 성립요건
　(가) 타인을 사용하여 어떤 사무에 종사케 할 것
　　① 사용자책임이 발생하려면 사용자와 피용자 사이에 사용 관계가 존재하여야 한다. 사용관계란 고용관계뿐 아니라 사용자가 피용자에 대하여 실질적인 지휘·감독 관계를 맺고 있었느냐에 따라 판단한다.
　　② 사무란 통상적으로 일의 개념과 같다고 보면 된다.
　(나) 피용자가 사무 집행에 관하여 손해를 입혔을 것
　　피용자의 행위가 객관적·외형적으로 사무와 관련된 것이면 사무 집행으로 본다.

(다) 피용자의 불법행위에 의해 제삼자가 손해를 입었을 것
여기에서 제삼자란 사용자와 불법행위인 가해 피용인 이외의 자를 말한다. 따라서 동일 사용자의 종사자인 다른 피용인 역시 제삼자의 범위에 포함된다.
(라) 사용자가 면책사유를 입증하지 못할 것
"사용자는 피용자의 선임 및 사무 감독을 게을리하지 않았음을 입증하는 경우, 그 책임을 지지 아니한다"라는 민법 제756조 제1항 단서 규정에 따라 사용자책임을 면할 수 있으나, 사실상 그에 대한 입증을 사용자가 하여야 하므로 거의 무과실책임에 가까운 엄격한 책임을 지고 있다고 보아야 한다.

(2) 배상책임 의무자
(가) 사용자와 사용자에 갈음하여 그 사무를 감독하는 자. 사용자가 법인일 때 이사와 감사를 포함한다.
(나) 불법행위의 직접당사자인 피용자는 사용자책임이 발생한다고 하더라도 불법행위자 책임을 당연히 지게 된다. 따라서 피해자가 어느 한 편으로부터 손해의 일부 또는 전부를 배상받게 되면 그 범위 내에서 다른 쪽의 배상책임은 없게 되는 데 이러한 관계를 부진정연대채무라고 한다.

다. 공작물 등 점유자·소유자의 책임

> **민법 제758조** 공작물 등의 점유자, 소유자의 책임
>
> ① 공작물의 설치 또는 보존의 하자로 인하여 타인에게 손해를 가한 때에는 공작물 점유자가 손해를 배상할 책임이 있다. 그러나 점유자가 손해의 방지에 필요한 주의를 해태하지 아니한 때에는 그 소유자가 손해를 배상할 책임이 있다.
> ② 전항의 규정은 수목의 재식 또는 보존에 하자 있는 경우에 준용한다.
> ③ 전 2항의 경우에 점유자 또는 소유자는 그 손해의 원인에 대한 책임 있는 자에 대하여 구상권을 행사할 수 있다.

점유자에게는 중간적 책임을 묻고 있으나 소유자에게는 면책사유를 인정하지 않고 무과실책임을 묻는다.
(1) 공작물의 정의
인공적 작업에 의하여 제작한 물건이나 재료에 기계적인 가공을 통해 조립하여 만든 물건 등을 말한다.

(2) 영조물의 정의

국가 또는 공공단체에 의하여 공공의 목적에 공용되는 인적·물적 시설의 통일체를 말하며, 실정법에서는 행정주체에 의하여 공공의 목적에 사용되는 건조물 등의 물적 설비를 의미한다.

(3) 점유자

유체물을 사실상 사용·수익하고 있는 자

예컨대 아파트 축대가 무너져 사람이 다치고 차량이 파손되었을 때 점유자가 일차적으로 책임을 지고, 점유자의 책임이 없는 경우에는 소유자가 배상책임을 지게 된다. 이경우 점유자 또는 소유자는 사고 발생에 대하여 책임이 있는 자가 있으면 그에 대하여 구상권을 행사할 수 있다. (동조 3항 참조) 따라서 이러한 공작물 등의 점유자·소유자의 책임은 경제발전과 각종 시설물 등이 주변에 폭넓게 산재하여 있음을 고려할 때 시사하는 바가 크다고 할 수 있다.

(4) 소유자

유체물을 사실상 사용·수익 처분할 수 있는 자

민법 제765조   배상액의 경감청구

① 본 장의 규정에 의한 배상의무자는 그 손해가 고의 또는 중대한 과실에 의한 것이 아니고 그 배상으로 인하여 배상자의 생계에 중대한 영향을 미치게 될 경우에는 법원에 그 배상액의 경감을 청구할 수 있다.
② 법원은 전항의 청구가 있는 때에는 채권자 및 채무자의 경제 상태와 손해의 원인 등을 참작하여 배상액을 경감할 수 있다.

라. 동물점유자의 책임

민법 제759조   동물점유자의 책임

① 동물의 점유자는 그 동물이 타인에게 가한 손해를 배상할 책임이 있다. 그러나 동물의 종류와 성질에 따라 그 보관에 상당한 주의를 해태하지 아니한 때에는 그러하지 아니하다.
② 점유자에 갈음하여 동물을 보관한 자도 전항의 책임이 있다. [개정 2014. 12. 30.]

도로를 주행하다 보면 개나 고양이 등 동물들이 도로를 가로질러 횡단하거나 때로는 죽어있는 동물들이 도로상에 방치된 경우를 가끔 목격할 때가 있다. 이러한 개나 고양이,

노루 등 가축이나 야생동물의 출현은 운전자를 크게 당황하게 하고, 당황한 운전자는 이들 동물을 피하려고 핸들을 과대조작하거나 급제동하여 대형 교통사고를 야기하기도 한다. 도로상에 출현하는 동물들로 인하여 교통사고가 발생하면 그에 대한 책임을 누가 부담하여야 할 것인가에 대해 피해자와 동물의 점유자 또는 피해자와 도로관리자 간에 그 책임 비율과 관련하여 다툼이 있게 된다. 다음은 동물로 인하여 발생한 교통사고에 대해 각 법원에서의 판결내용을 요약한 것이다. 주의할 것은 피해자, 동물의 점유자, 도로관리자의 과실비율에 대하여 우리나라 법원에서는 사건마다 개별적으로 각각 판단하고 있다는 점이다.

마. 공동불법행위자의 책임

민법 제760조	공동불법행위자의 책임

① 수인이 공동의 불법행위로 타인에게 손해를 가한 때에는 연대하여 그 손해를 배상할 책임이 있다.
② 공동 아닌 수인의 행위 중 어느 자의 행위가 그 손해를 가한 것인지를 알 수 없는 때에도 전항과 같다.
③ 교사자나 방조자는 공동행위자로 본다.

(1) 공동불법행위의 의의

공동불법행위란 수인이 공동의 불법행위로 타인에게 손해를 입히는 것을 말한다. 예컨대 두 대의 차량이 쌍방과실로 인하여 교차로 내에서 충돌하여 보도 위의 사람을 다치게 하거나 가판대의 타인 소유 물건을 파손시키는 것 등이 그것이다.

(2) 공동불법행위의 형태

(가) 좁은 의미의 공동불법행위

수인이 공동의 불법행위로 인하여 타인에게 손해를 입히는 것을 말한다. 요건으로는 각자의 행위가 각각 독립적이어야 하며, 행위에 있어서 연대·공동성이 있어야 한다.

(나) 가해자 불명의 공동불법행위

수인의 행위자 가운데 누군가가 위법행위를 한 것은 확실하나 그들 중 누구의 행위에 의한 것인지 알 수 없는 경우를 말한다. 이런 경우 피해자가 불법행위자를 찾아 입증하기가 현실적으로 곤란하므로 민법 제760조 제2항 규정에서는 피해자가 손해배상을 받을 수 있도록 행위자의 범위를 확대한 것이다.

(다) 교사자나 방조자의 공동불법행위

교사자나 방조자도 공동불법행위자로 본다. (민법 제760조 제3항)

교사는 타인에게 불법행위의 의사결정을 하게 하는 것이고, 방조는 불법행위의 보조적 행위를 의미한다.
- (3) 공동불법행위의 효과
  - (가) 책임의 연대성

    공동불법행위자는 피해자에 대하여 각자 연대하여 배상할 책임이 있다. (민법 제760조) 여기에서 연대채무란 수인의 채무자(손해배상의무자)가 채무에 대하여 각자 이행하여야 할 의무가 있고, 그중 1인 또는 수인이 채무를 전부 이행하면 모든 채무자의 채무가 소멸되는 것을 말한다. (민법 제413조 참조)

민법 제413조	연대채무의 내용

수인의 채무자가 채무 전부를 각자 이행할 의무가 있고 채무자 1인의 이행으로 다른 채무자도 그 의무를 면하게 되는 때에는 그 채무는 연대채무로 한다.

민법 제425조	출재채무자의 구상권

① 어느 연대채무자가 변제 기타 자기의 출재로 공동면책이 된 때에는 다른 연대채무자의 부담부분에 대하여 구상권을 행사할 수 있다.
② 전항의 구상권은 면책된 날 이후의 법정이자 및 피할 수 없는 비용 기타 손해배상을 포함한다.

  - (나) 공동불법행위자 간 책임분담

    공동불법행위 책임은 부진정연대책임이므로 자기 부담금 초과분에 대해서만 구상할 수 있다. 공동불법행위자는 각각의 과실 비율에 따라 책임을 분담하며, 과실 비율의 판단이 곤란한 경우에는 균등하게 분담한다.

5. 소멸시효

가. 의의

소멸시효란 권리자가 권리를 행사할 수 있음에도 일정 기간(시효기간) 동안 권리를 행사하지 않는 상태가 계속되는 경우, 그 권리를 처음부터(시효기간 기산점부터) 없었던 것으로 인정하는 제도를 말한다.

나. 소멸시효의 기산점

권리를 행사할 수 있는 최초의 시점, 즉 불법행위를 한 날이 소멸시효의 기산점이 된다.

(1) '불법행위를 한 날'의 의미

가해행위가 있었던 날이 아니라 현실적으로 손해의 결과가 발생한 날, 즉 피해자가 손해의 결과 발생을 알았거나 예상할 수 있는지에 관계없이 가해행위로 인한 손해가 현실적인 것으로 볼 수 있는 때를 의미한다. (대법원 2019. 08. 29. 선고 2017다276679 판결)

(2) '손해 및 가해자를 안 날'의 의미

위법한 가해행위의 존재, 손해의 발생, 가해행위와 손해 발생 사이에 상당인과관계가 있다는 사실 등 불법행위의 요건 사실에 대하여 현실적이고도 구체적으로 인식하였을 때를 의미한다. (대법원 2022. 06. 30. 선고 2022다 206384 판결)

다. 소멸시효의 완성 기간별 주요유형

(1) 소멸시효가 10년인 경우

(가) 공동불법행위자 간 구상권(대인·대물 보상처리 건의 대차를 상대로 한 구상권)

(나) 판결 등으로 확정된 채권

(다) 불법행위로 인한 손해배상청구권

— 불법행위를 한 날로부터 기산

(2) 소멸시효가 3년인 경우

(가) 불법행위로 인한 손해배상청구권

— 피해자나 그 법정대리인이 그 손해 및 가해자를 안 날로부터 기산

민법 제766조	손해배상청구권의 소멸시효

① 불법행위로 인한 손해배상의 청구권은 피해자나 그 법정대리인이 그 손해 및 가해자를 안 날로부터 3년간 이를 행사하지 아니하면 시효로 인하여 소멸한다.
② 불법행위를 한 날로부터 10년을 경과한 때에도 전항과 같다.

(나) 보험자의 대위권

① 차량 손해 및 무보험자동차에 의한 상해 담보 건을 보상처리 후 구상하는 경우

② 피보험자 개별적용에 따라 보험자가 피해자에게 손해보상을 한 후 배상책임이 있는 피보험자에게 구상하는 경우

            (다) 보험금청구권
            (라) 보험계약자의 보험회사에 대한 보험료 또는 환급금반환 청구권
                (보험업 감독업무 시행세칙, 2015. 01. 01.)
            (마) 보장사업에 따른 보험금청구권
        (3) 소멸시효가 2년인 경우
            (가) 공동불법행위로 인한 보험회사에 대한 구상금 청구권
            (나) 판결에 따른 채권으로 청구상대방이 보험회사인 경우

    라. 소멸시효의 중단과 정지
        (1) 존재 이유
            소멸시효는 권리를 행사할 수 있음에도 그 권리를 행사하지 않는 자. 즉 '권리 안에서 잠자는 자'의 보호를 거부하고 권리를 소멸시킴으로써 그로 인한 법적 안정을 기하고자 정해진 법률이므로, 그와는 반대로 권리를 행사할 수 있음에도 시효완성의 위험에 처한 권리자를 보호하기 위해서는 시효를 중단 또는 정지시키는 등의 법적인 제도장치가 필요하기 때문이다.
        (2) 소멸시효의 중단과 정지의 차이
            (가) 시효의 중단
                시효중단의 사유가 있으면 그동안 진행되었던 소멸시효기간의 효력이 없어지고 그때로부터 다시 소멸시효가 기산된다.
            (나) 시효의 정지
                시효정지의 사유가 있으면 시효의 진행이 정지되었다가 그 사유가 없어진 때로부터 나머지 시효기간에 대하여 소멸시효가 진행된다.
        (3) 시효의 중단 사유
            (가) 청구
                ① 재판상 청구
                    재판상 청구란 소를 제기하는 것을 말하며, 그 소송이 취하, 각하, 기각되면 소멸시효 중단의 효과는 없고 최고의 효력만 있게 된다. (단, 소송이 취하, 각하, 기각된 경우라도 6월 내에 청구·파산절차의 참여, 압류 또는 가압류, 가처분을 하면 시효는 재판상 청구된 것으로 간주한다)
                ② 파산절차 참가
                    채권자가 파산재단의 배당에 참여하기 위하여 그의 채권을 신고하는 것이

파산절차 참가이고(파산법 제201조), 이 참여 신고가 있으면 시효의 중단 효력이 생긴다.
③ 지급명령
지급명령신청서를 관할법원에 제출한 때 소멸시효 중단의 효력이 생긴다. (단, 각하, 기각, 취소된 신청의 효력은 최고의 효력이 있다)
④ 화해를 위한 소환
화해를 신청하면 소멸시효가 중단된다. 그러나 법원이 화해를 권고하기 위하여 상대방을 소환하였으나 상대방이 응하지 않거나 화해가 성립되지 않았을 때 화해 신청인이 1월 내에 소송을 제기하지 않으면 중단의 효력이 없다.
⑤ 최고
최고란 채무자에 대하여 채무이행을 촉구하는 채권자의 의사 통지(준 법률행위)로서 특별한 양식이 필요 없다.
(나) 압류, 가압류, 가처분
압류, 가압류, 가처분 명령을 신청했을 때 시효·중단의 효력이 생긴다.
(다) 승인
승인이란 시효의 이익을 받을 자가 시효로 말미암아 권리를 잃은 자에 대해 상대방의 권리를 인정한다고 표시하는 것으로서 승인에 특별한 방식이 필요하지 않으며, 묵시적인 승인도 효력이 있다.

▶ 승인사례
채무의 일부변제, 원채권의 존재를 승인하는 이자의 지급, 담보제공, 지급유예의 간청, 증서를 다시 작성하는 사례 등

[중단 후 시효의 진행 시기]

재판상 청구 시기	압류, 가압류, 가처분 시기	승인 시기
재판이 확정된 때	절차가 끝났을 때	승인이 상대방에게 도달되었을 때

(4) 시효의 정지 사유
(가) 제한능력자의 시효정지(6개월)
소멸시효의 기간만료 전 6개월 이내에 제한능력자에게 법정대리인이 없는 경우에는 그가 능력자가 되거나 법정대리인이 취임한 때부터 6개월 내에는 시효가 완성되지 아니한다. (민법 제179조)[시행일 2013. 07. 01.]

(나) 상속에 관한 정지(6개월)

상속재산에 대한 권리는 상속인의 확정·관리인이 선임되어 취임한 때로부터 6월 내에는 소멸시효가 완성되지 않는다. (민법 제181조)

(다) 사변에 의한 정지(1개월)

천재 기타 사변으로 인하여 소멸시효를 중단할 수 없을 때는 그 사유가 종료한 때로부터 1월 내에는 시효가 완성하지 아니한다. (민법 제182조)

(5) 소멸시효 이익의 포기

시효가 완성된 후 시효완성으로 인해 이익을 받을 자가 시효완성의 이익을 받지 않겠다는 의사표시로서 시효이익을 포기할 수 있다. (시효완성 전의 포기는 허용되지 않는다)

마. 보험 종목별 보험금 청구권자의 소멸시효 기산점

(1) 대인·대물배상 책임보험

배상책임보험에서 피보험자의 보험금청구권 기산점은 판결의 확정, 재판상의 화해·중재 또는 서면에 의한 합의로 배상액이 확정되었을 때이다.

(2) 자기차량손해

자기차량손해에서 피보험자의 보험금청구권 기산점은 보험사고가 발생한 때이다. 그러나 차량 도난사고의 경우는 도난 사실을 경찰관서에 신고한 후 30일이 지난 때에 보험금을 청구할 수 있다.

6. 제척기간

제척기간이란 권리관계를 신속히 확정하기 위하여 법률이 정한 존속기간으로서 법정기간이 지나면 당연히 권리가 소멸한다. 제척기간은 소멸시효와는 달리 중단, 정지의 문제가 발생하지 않는다.

💡 보험계약에 있어서 보험계약자 또는 피보험자의 계약 전 알릴 의무 위반, 계약 후 알릴 의무 위반 등이 있는 경우 보험자는 보험계약을 해지할 수 있으나 보험자가 계약 전 알릴 의무 위반(계약 후 알릴 의무 위반) 사실을 안 날로부터 1개월, 계약을 체결한 날로부터 6개월이 경과 되면 계약을 해지할 수 없다. 이때 이 기한을 제척기간이라고 한다.

제2절 ♠ 교통사고 관련 책임

교통사고를 발생시킨 사고 운전자는 민사상의 책임, 형사상의 책임, 행정상의 책임 등 모두 세 가지 부분에서 책임을 져야 한다.

1. 책임의 종류

가. 민사상의 책임

민사상의 책임이란 손해배상책임을 말한다. 즉 가해자인 운전자는 자신의 불법행위에 대한 책임으로 손해배상책임을 부담하게 된다.

나. 형사상의 책임

형사상의 책임이란 교통사고로 인하여 사람을 사상케 한 사고 운전자에게 형법 제268조에 따라 형사적 책임을 지우는 것을 말한다.

다. 행정상의 책임

행정상의 책임이란 운전면허의 정지·취소 등의 책임을 지우는 것을 말한다.

2. 민사상 책임

교통사고에 있어서 가해자는 형사상의 책임 정도에 따라 처벌이나 제재를 받지만, 그와는 별도로 손해배상책임, 이른바 민사상의 책임을 지게 된다.

과거에는 형사책임과 민사책임의 구별이 없었지만, 오늘날에는 완전히 분리되어 민사책임의 경우 반드시 손해 발생을 요건으로 하고 객관적 손해를 중시하여 고의, 과실을 구별하지 않으며, 또한 무과실책임도 인정된다. 이 때문에 사고 운전자가 구속되지 않고 풀려나왔다고 하여 피해자가 손해배상을 받지 못하는 것이 아니며, 또한 손해배상을 모두 해주었다고 하여 형사적 처벌이 면제되는 것도 아니다. 즉 민사책임과 형사책임은 별개이다.

가해자인 운전자는 자신의 불법행위에 대한 책임으로 손해배상책임을 부담하게 되며, 이때 손해배상책임에 따른 손해배상채무는 금전배상이 원칙이다. (민법 제394조, 제763조)

가. 배상의무자
 (1) 운전자
  운전자는 본인의 과실로 인하여 자동차 사고를 일으킨 자이므로 직접 불법행위자로서 민사상의 배상책임을 부담하게 된다.
 (2) 운전자의 사용자
  민법 제756조는 타인을 사용하여 어떤 업무에 종사케 하여 피용자가 제삼자에게 손해를 입혔을 때 사용자의 배상책임을 규정하고 있으므로, 피용자에게 자동차를 사용하여 업무에 종사케 하던 중, 피용자가 업무로서 교통사고를 초래하였다면 사용자(사업주)도 피용자(운전자)와 함께 손해배상책임을 부담하게 된다. (다만 "사용자가 피용자에 대하여 선임 및 관리의무를 다했다"라는 것을 증명하면 그렇지 않다)
 (3) 운행자
  자동차손해배상 보장법은 교통사고로 인하여 피해를 본 피해자를 폭넓게 구제하기 위하여 배상책임의 주체를 운행자(자기를 위하여 자동차를 운행하는 자)로 규정하고 있다.
  위 운행자는 자동차 소유자, 명의대여자, 명의 잔존자도 특별한 사유가 없는 한 배상책임 의무자가 된다.
 (4) 부진정연대책임
  부진정연대채무는 계약 등에 의해 채무를 연대하여 책임지기로 한 연대채무와는 달리 공동불법행위 등으로 인하여 손해배상의무자가 다수인 경우, 그중 한 사람 또는 여러 명이 피해자가 입은 손해를 갚으면 피해자에 대한 모든 손해배상의무자의 손해배상책임은 면하게 되나 각각의 손해배상의무자 간에는 자신의 의사와 관계없이 과실 비율에 따른 채무가 확정되는 것을 부진정연대채무라 한다.
  배상의무자가 다수일 때 피해자는 배상의무자 중에서 배상 능력이 있는 사람에게 선택적으로 손해배상을 청구할 수 있다. 즉 회사 차량을 직원이 운전하다가 사고를 일으켰을 때 피해자는 회사 또는 직원에게 선택적으로 손해배상을 청구할 수 있다.

나. 타 책임과의 관계
 교통사고는 자동차 운전자의 과실에 의하여 발생하는 것이 일반적이나 운전자의 과실과 교통시설물 또는 도로의 결함 등이 원인이 되어 발생하는 예도 많이 있다. 따라서 신호등의 고장, 도로 관리상의 하자 등이 원인이 되어 교통사고가 발생하면 이들을 소유 또는 관리하는 국가나 지방자치단체에 손해배상을 청구할 수 있다.

사례1 신호기 등 설치·보존상의 하자

교차로의 진행 방향 신호기의 정지신호가 단선으로 소등된 상태에서 그대로 진행하다가 다른 방향의 진행신호에 따라 교차로에 진입한 차량과 충돌한 경우, 신호기의 적색신호가 소등된 기능상 결함이 있었다는 사정만으로 신호기의 설치 또는 관리상의 하자를 인정할 수 없다. (대법원 선고 99다 54004)

도로교통법 제3조 신호기 등의 설치 및 관리

① 특별시장·광역시장 또는 시장·군수는 도로에서의 위험을 방지하고 교통의 안전과 원활한 소통을 확보하는 데 필요하다고 인정하는 때에는 신호기 및 안전 표지를 설치·관리하여야 한다. 다만, 유료도로법 제6조의 규정에 따른 유료도로에서는 시장 등의 지시에 따라 그 도로관리자가 이를 설치·관리하여야 한다.
② 또는 제1항의 규정에 따라 시장 또는 군수가 설치·관리하는 교통안전시설의 설치·관리에 드는 비용의 전부 또는 일부를 시 또는 군에 보조할 수 있다.

사례2 전선 및 전화선의 설치·보존상의 하자

높이 표시와 실제 높이가 일치하는지에 대한 실측이 필요하다. 즉, 전기설비기술령(전기설비기술기준의 판단기준<지식경제부 장관 공고>, 전기통신설비의 기술기준에 관한 규칙 제27조 참조) 기준에 따라 설치하였다고 하더라도 이후에 생긴 주위의 자연적, 인위적 환경변화에 따른 사고 예방조치의 강구 의무가 있기 때문이다.
전기사업법이나 전기설비기준령은 전기공작물의 설치 보존상의 하자 유무를 판단하는 참작기준이 될 수 있을 뿐 절대적인 기준은 아니므로 한국전력이 위 법령의 기준에 따라 전기공작물을 설치하였다고 하더라도 그로써 그 이후에 생긴 주위의 자연적·인위적 환경변화에 따른 사고 예방조치의 강구 의무까지 면제되는 것은 아니다.
(대법원 선고 80다2550)

다. 손해배상의 범위
  (1) 인적 손해
    (가) 피해자 사망의 경우
      피해자가 사망하였을 때 손해배상은 사망할 때까지의 입원비, 치료비, 장례비 등 적극적 손해에 대한 비용과 평균수명을 기초로 하여 통상 얻을 수 있는 일실수익 그리고 본인과 가족들의 정신적 고통에 따른 위자료를 청구할 수 있다.
    (나) 피해자 부상의 경우
      피해자가 부상하였을 때 손해배상은 우선 치료비, 치료받는 기간의 잡비, 향후 치료비, 그리고 노동력을 상실했을 경우 이에 상응하여 장래 얻지 못할 소득, 이른바 일실수익 등과 부상에 따른 본인과 가족들의 정신적 고통에 따른 위자료를 청구할 수 있다.
  (2) 물질적 손해
    교통사고로 생명, 신체의 인적 사고 이외에 물질적 손해를 입은 경우, 즉 재물이 파손되었을 때 파괴된 물건 가액이나 수리에 따른 손해액을 청구할 수 있다. 예컨대 차량 충돌사고로 인한 차량의 손상, 가옥이나 상가 등이 파손되면 사고 나기 전의 상태로 원상복구 하는 데 소요되는 필요 타당한 비용을 청구할 수 있다.

3. 형사적 책임

 형사적 책임이란 국가가 불법행위자에게 제재를 가함으로써 사회질서를 유지하기 위한 목적으로 그 당사자에게 사회적 책임을 묻는 것으로서, 교통사고로 인하여 사람을 사상케 한 과실이 있는 운전자에게는 형법 제268조에 따라 형사적 책임을 지우는 것을 원칙으로 하고 있다.
 그러나 교통사고는 대부분 고의사고가 아닌 과실 사고인 만큼 피해자와 합의하거나 피해자와 원만히 합의한 것으로 간주할 때(대인배상 Ⅰ·Ⅱ 및 대물배상에 가입하였을 때 또는 공제에 가입된 경우)는 '공소권 없음'으로 처리되어 형사적인 처벌을 면제받게 된다. 그러나 사망사고, 뺑소니사고와 신호위반 등 12대 중대 사고는 교통사고처리 특례법의 예외 규정에 해당하여 피해자와의 합의 여부와 자동차보험 가입 여부와 관계없이 형사적 처벌을 받게 된다.

가. 교통사고의 형사 처리 절차
 (1) 경찰의 수사
  (가) 교통사고의 신고
   교통사고란 차의 교통으로 인하여 사람을 사망 또는 부상케 하거나 물건을 손괴하는 것을 말하며, 사고 신고란 응급조치가 끝난 후 현장에 있는 경찰공무원이나 가까운 국가경찰관서(지구대, 파출소 또는 출장소)에 다음 사항을 신고하는 것을 말한다.
   ① 사고가 일어난 곳
   ② 사상자 수 및 부상 정도
   ③ 손괴된 물건 및 손괴 정도
   ④ 그 밖의 조치상황 등
   신고 의무를 잊어버리고 신고하지 않았다가 나중에 발각되면 신고 불이행에 따른 벌금 또는 징역형에 처한다. (도로교통법 제148조)

> **도로교통법 제148조** 벌칙
>
> 제54조 제1항에 따른 교통사고 발생 시의 조치를 하지 아니한 사람(주·정차된 차만 손괴한 것이 분명한 경우에 제54조 제1항 제2호에 따라 피해자에게 인적 사항을 제공하지 아니한 사람은 제외한다)은 5년 이하의 징역이나 1천500만 원 이하의 벌금에 처한다. (개정 2016. 12. 2.) (시행일 2017. 6. 3.)

> **사례 1**
>
> 교통사고로 어린이를 다치게 하여 운전자가 어린이를 약국까지 데려가 피해 부위에 치료할 수 있는 약과 함께 소정의 차비를 주고 그대로 운행하였을 때 도로교통법에서 규정한 도주 사고 해당 여부?

※ 10세의 어린이를 충격 후 즉시 하차하여 치료에 필요한 약을 구매, 피해 부위에 발라주고 소정의 차비를 지급한 후 운행하였다 하더라도 피해 어린이는 10세로서, 사리를 판단할 능력을 완벽히 갖추었다 할 수 없을 뿐 아니라 위험성에 대한 인식이나 자기 자신을 보호하는 방법 따위에 관하여 충분한 능력이 있는 자라고 볼 수 없어 도로교통법에서 규정한 도주 사고에 해당함

다만, 다음과 같은 경우에는 불입건에 해당한다.
① 단순한 대물을 손괴한 사고로서 당사자 간에 쉽게 합의가 이루어지고, 차량이 장시간 노상에 방치되지 아니하여 차량 소통이나 타인의 통행을 방해하지 않는 경우와 같이 피해자의 구호 및 교통질서 회복을 위하여 경찰관이 굳이 새로운 조치를 마련할 필요가 없는 경우
② 교통이 거의 없는 도로에서의 경미한 교통사고의 경우와 같이 경찰공무원에 의한 교통질서 회복조치 등이 반드시 필요한 것이 아닌 경우

(나) 사고 현장 조사

교통사고가 발생하였을 때 경찰관은 가장 먼저 사고 현장과 주위 상황을 정확하게 확인하는 동시에 그 사고 현장을 보존한다. 사고 현장에서 경찰관은 조사를 통하여 현장검증 조서와 사고 현장 도면 등의 서류를 작성하게 된다.

(다) 진술서 등 사고 조서의 작성

현장의 경찰관은 교통사고를 발생시킨 가해자에 대하여 피의자 신문조서를 작성한다. 이때의 진술은 사건 수사에 있어서 매우 중요한 의미가 있다.

<표 1-1> 교통사고 처리 과정

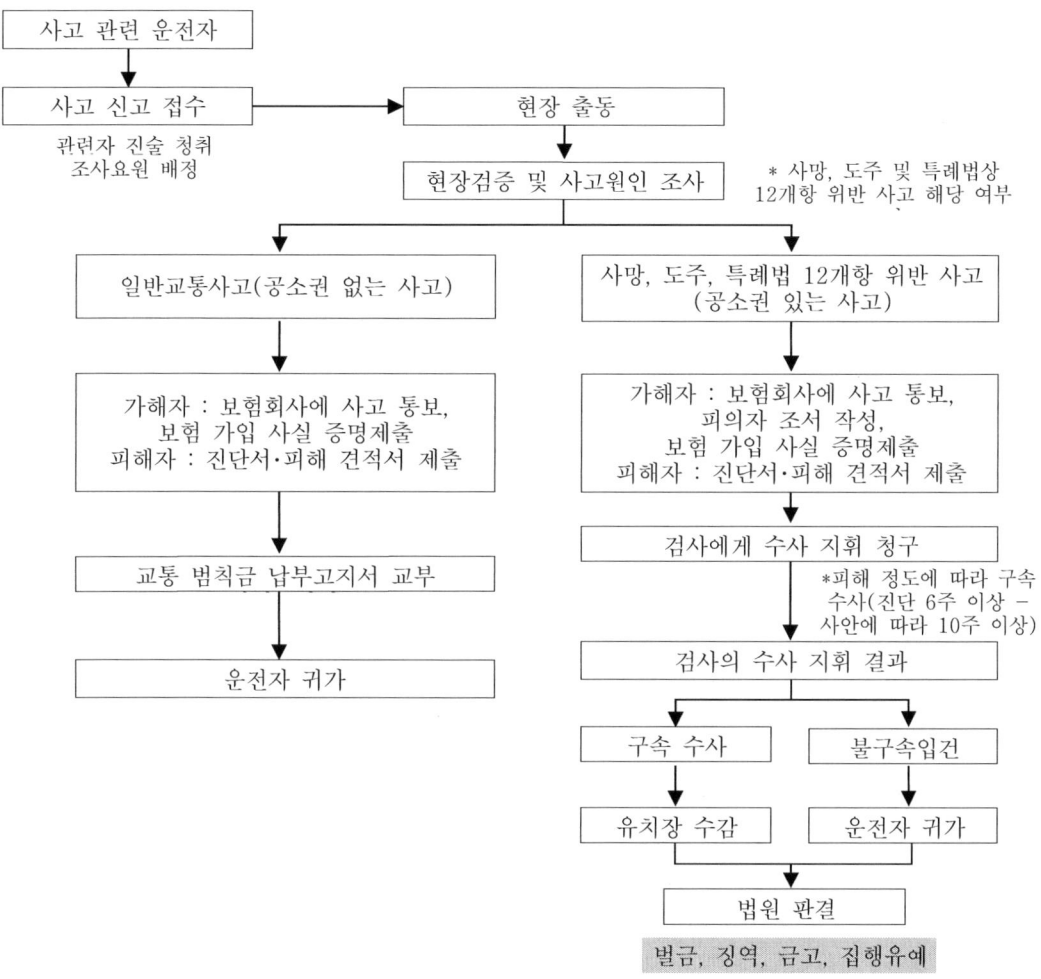

(2) 가해자 구속과 즉결심판
　(가) 가해자의 구속
　　　구속이란 피고인 또는 피의자에 대하여 신체의 자유를 제한하는 대인적인 강제 처분을 말한다. 이는 구인과 구금을 포함하는 말이다. 가해자가 발생시킨 사고가 불가항력적 사고라면 불구속 입건하기도 하지만, 교통사고처리 특례법 제3조에 명시된 12대 중대 사고에 해당하고 상해의 정도가 중한 경우에는 구속 상태로 수사하게 된다.

(나) 즉결심판

즉결심판이란 지방법원, 지원 또는 시, 군 법원의 판사가 20만 원 이하의 벌금, 구류 또는 과료에 처할 경미한 범죄에 대하여 공판절차에 의하지 않고 즉결하는 심판을 말한다. (즉결심판에 관한 절차법 제2조)

일반적으로 교통법규 위반 사건이나 경범죄 등에 의한 경미한 사건의 경우에는 즉결심판으로 처리되는 경우가 많다.

용어 해설

① 구인 : 법원이 신문할 목적으로 피고인이나 그 밖의 관계인이 소환에 응하지 아니할 때 일정한 장소에 인치하는 강제 처분을 말한다. 구속영장이 있어야 하며, 구금의 불필요를 인정하면 24시간 이내에 석방하여야 함
② 구금 : 구치소나 교도소 등에 유치하는 일
③ 벌금 : 재산형의 하나. 범죄의 처벌로 부과하는 금전
④ 구류 : 자유형의 하나. 1일 이상 30일 미만의 기간 교도소에 가두어 자유를 속박하는 형벌
⑤ 과료 : 행정적 처벌(벌금과 같이 재산형의 일종으로 범죄인에게 일정한 금액의 지급을 강제적으로 부담 지우는 형벌을 말한다. 그러나 과료는 벌금과 비교해 그 금액이 적고 또한 비교적 경미한 범죄의 경우에 부과된다)
⑥ 과태료 : 금전 벌의 일종으로서 과료와 달리 형법상의 형벌이 아니다.
⑦ 난폭운전 : 자동차 등의 운전자가 다음 각호 중 둘 이상의 행위를 연달아서 하거나, 하나의 행위를 반복하여 다른 사람에게 위협 또는 위해를 가하거나 교통상의 위험을 발생하게 하는 행위로서, 도로교통법 제46조의 3(난폭운전의 금지)에 저촉되는 운전을 말한다.
1. 제5조에 따른 신호 또는 지시위반
2. 제13조 제3항에 따른 중앙선침범
3. 제17조 제3항에 따른 속도의 위반
4. 제18조 제1항에 따른 횡단·유턴·후진 금지위반
5. 제19조에 따른 안전거리 미확보, 진로 변경 위반, 급제동 금지위반
6. 제21조 제1항·제3항 및 제4항에 따른 앞지르기 방법 또는 앞지르기의 방해금지 위반
7. 제49조 제1항·제8호에 따른 정당한 사유 없는 소음 발생
8. 제60조 제2항에 따른 고속도로에서의 앞지르기 방법위반
9. 제62조에 따른 고속도로 등에서의 횡단·유턴·후진 금지 위반(시행일 2016.2.12)
자동차 등의 운전자가 제46조의 3(난폭운전 금지)을 위반하여 난폭운전을 한 경우에는 1년 이하의 징역이나 500만 원 이하의 벌금에 처한다.

나. 교통사고의 형사상 책임
  (1) 사망사고
    형사입건(5년 이하의 금고 또는 2,000만 원 이하의 벌금)
  (2) 부상하고
    (가) 12개 항목 위반 : 형사입건(5년 이하의 금고 또는 2,000만 원 이하의 벌금)
    (나) 12개 항목 이외의 사고 : 대인배상Ⅱ에 가입하였거나 피해자와 합의가 이루어지면 '공소권 없음'으로 형사상 처벌이 면제된다. (행정적 처벌은 별도) 단, 12개 항목 이외의 사고라 할지라도 대인배상Ⅱ에 가입하지 않았거나 피해자와 합의가 안 되면 동일하게 형사입건 처리된다.
  (3) 물적 사고
    (가) 합의 불가의 경우 : 형사입건(2년 이하의 금고 또는 200만 원 이하의 벌금) 단, 피해액 80만 원 이하는 즉심
    (나) 대물배상 보험에 가입하였거나 합의되었을 때 : '공소권 없음'으로 형사상 처벌 면제(행정적 처벌은 별도)
  (4) 사고를 내고 피해자 구호 조치 없이 도주
    (가) 피해자 사망의 경우 : 무기 또는 5년 이상의 징역
    (나) 피해자 부상의 경우 : 1년 이상의 징역
  (5) 피해자를 유기 후 도주
    (가) 피해자 사망의 경우 : 사형, 무기, 5년 이상의 징역
    (나) 피해자 부상의 경우 : 3년 이상의 징역

4. 행정상의 책임

행정상의 책임은 형벌이 아니라 운전면허의 정지·취소 등의 책임을 지우는 것으로서, 일반적으로 행정처분이라 한다.

가. 운전면허의 정지·취소처분

운전면허의 정지·취소처분은 도로교통 법규위반이 있는 경우, 지방경찰청장이 면허의 효력을 일시 정지시키거나 장래에 대하여 효력을 잃게 하는 처분을 말한다. 교통법규를 자주 위반하거나 교통사고로 합산된 벌점이 기준치를 넘게 되면 행정처분을 받게 되는데, 이 기간에는 운전면허가 정지 또는 취소되어 무면허 상태가 되는 불이익처분을 받게 된다.

나. 운전면허 행정처분 기준

(1) 취소처분 개별 기준 도로교통법 시행규칙 [별표 28] <개정 2020. 11. 27.>

항목	내용	비고
정지처분집행 시기	처분벌점 40점 이상이 되는 면허증을 회수한 날로부터 기산	1점을 1일로 계산
누산점수 초과로 인한 면허취소 기준	기간 / 벌점 또는 누산점수 1년간 / 121점 이상 2년간 / 201점 이상 3년간 / 271점 이상	3년간 관리함
처분벌점의 소멸 (무위반 및 무사고자 특혜부여)	처분벌점이 40점 미만일 때, 최종 위반일 또는 사고일로부터 위반 및 사고 없이 1년이 경과한 때	누산 점수에서 공제함
도주차량 검거로 인한 누산점수 공제 (특혜부여)	도주차량을 검거하거나 신고하여 검거하게 한때에는 기간과 관계없이 40점의 특혜점수를 부여함	취소 처분받게 될 경우 누산점수에서 공제
모범운전자 정지처분집행 일수 감경	모범운전자(무사고 운전자 - 10년 이상 무사고, 유공 운전자의 표시 장을 받고 교통안전 봉사활동에 종사 중인 자)에 대하여는 면허정지 처분의 집행 기간을 2분의 1로 감경한다.	교통사고야기로 인한 벌점이 있는 경우 제외
특별교통 안전교육에 따른 처분 별점 및 정지 처분 집행 일수	면허정지 처분을 받은 사람이 교통 법규교육을 마친 경우에는 경찰서장에게 교육 필증을 제출한 날부터 정지 처분 기간에서 20일을 감경함	

(2) 운전면허 취소 처분 기준(시행규칙 제91조 제1항)

일련번호	위반사항	적용법조 (도로교통법)	내용
1	교통사고를 일으키고 구호조치를 하지 아니한 때	제93조	교통사고로 사람을 죽게 하거나 다치게 하고, 구호 조치를 하지 아니한 때
2	술에 취한 상태에서 운전한 때	제93조	• 술에 취한 상태의 기준(혈중알코올농도 0.03% 이상)을 넘어서 운전을 하다가 교통사고로 사람을 죽게 하거나 다치게 한때 • 술에 만취한 상태(혈중알코올농도 0.08% 이상)에서 운전한 때 • 2회 이상 술에 취한 상태의 기준을 넘어 운전하거나 술에 취한 상태의 측정에 불응한 사람이 다시 술에 취한 상태(혈중알코올농도 0.03% 이상)에서 운전한 때
3	술에 취한 상태에서 측정에 불응한 때	제93조	술에 취한 상태에서 운전하거나 술에 취한 상태에서 운전하였다고 인정할 만한 타당한 이유가 있음에도 불구하고 경찰공무원의 측정 요구에 불응한 때
10	운전면허 행정처분 기간 중 운전행위	제93조	운전면허 행정처분 기간에 운전한 때
12	등록 또는 임시운행 허가를 받지 아니한 자동차를 운전한 때	제93조	「자동차관리법」에 따라 등록되지 아니하거나 임시운행 허가를 받지 아니한 자동차(이륜자동차를 제외한다)를 운전한 때
13	자동차 등을 이용하여 범죄행위를 한때	제93조	• 국가보안법을 위반한 범죄에 이용된 때 • 형법을 위반한 다음 범죄에 이용된 때 • 살인, 사체유기, 방화, 강도, 강간, 강제추행 • 약취, 유인, 감금, 상습절도(절취한 물건을 운반한 경우에 한한다) • 교통방해(단체에 소속되거나 다수인에 포함되어 교통을 방해한 경우에 한한다)
14	다른 사람의 자동차 등을 훔치거나 빼앗은 때	제93조	운전면허를 가진 사람이 자동차 등을 훔치거나 빼앗아 이를 운전한 때
16	운전자의 단속 경찰공무원 등에 대한 폭행	제93조	단속하는 경찰공무원 등 시·군·구 공무원을 폭행하여 구속된 때

※ 일련번호 중 4~9, 11, 15, 17번은 생략함

(3) 위반내용에 따른 벌점 기준

[별표28 운전면허 취소·정지 처분 기준(제91조 제1항 관련)]

위반내용	벌점
술에 취한 상태의 기준을 넘어서 운전한 때(혈중알코올농도 0.03% 이상) 자동차 등을 이용하여 형법상 특수상해 등(보복 운전)을 하여 입건된 때	100점
속도위반(60km/h 초과)	60점
신호, 지시위반	15점
중앙선침범	30점
속도위반(20km/h 초과 40km/h 이하)	15점
속도위반(40km/h 초과 60km/h 이하)	30점
앞지르기 금지위반	10점
앞지르기 방법위반	15점
보행자 보호 의무 위반	10점
철길건널목 통과 방법위반	30점
운전면허증 등의 제시 의무 위반 또는 운전자 신원확인을 위한 경찰공무원의 질문에 불응	30점
고속도로 자동차전용도로 갓길통행 또는 버스전용차로 다인승 전용차로 통행 위반	30점
안전 운전 의무 위반, 도로를 통행하고 있는 차마에서 밖으로 물건을 던지는 행위	10점

(4) 사고 결과에 따른 벌점 기준

구분		벌점	내용
인적 피해 교통 사고	사망 1명마다	90점	사고 발생 시부터 72시간 이내에 사망한 때
	중상 1명마다	15점	3주 이상의 치료를 요하는 의사의 진단이 있는 사고
	경상 1명마다	5점	3주 미만 5일 이상의 치료를 요하는 의사의 진단이 있는 사고
	부상 신고 1명마다	2점	5일 미만의 치료를 요하는 의사의 진단이 있는 사고
교통사고 야기 후 조치 불이행		30점	교통사고를 일으킨 즉시(그때, 그 자리에서 곧) 사상자를 구호하는 등의 조치를 하지 아니하였으나, 그 후 자진신고를 한때 가. 고속도로, 특별시·광역시 및 시의 관할구역과 군(광역시의 군을 제외한다)의 관할구역 중 경찰관서가 위치하는 리 또는 동 지역에서 3시간(그 밖의 지역에서는 12시간) 이내에 자진신고를 한때 나. 가목에 따른 시간 후 48시간 이내에 자진신고를 한때
		60점	신고시한을 넘어서 자진신고를 한때
		15점	물적 피해 교통사고를 야기한 후 도주한 때

(비고)
1. 교통사고 발생 원인이 불가항력이거나 명백한 과실일 때에는 행정처분을 하지 아니한다.
2. 자동차 등 대 사람 교통사고의 경우 쌍방과실일 때에는 그 벌점을 2분의 1로 감경한다.
3. 자동차 등 대 자동차 등 교통사고의 경우에는 그 사고원인 중, 중한 위반행위를 한 운전자만 적용한다.
4. 교통사고로 인한 벌점산정에 있어서 처분받을 운전자 본인의 피해에 대하여는 벌점을 산정하지 아니한다.
5. 누산점수의 관리
    법규위반 또는 교통사고로 인한 벌점은 행정처분기준을 적용하고자 하는 당해 위반 또는 사고가 있었던 날을 기준으로 하여 과거 3년간의 모든 벌점을 누산하여 관리한다. (1년간 121점 이상, 2년간 201점 이상, 3년간 271점 이상인 때에는 운전면허를 취소한다)
6. 무위반·무사고 기간 경과로 인한 벌점 소멸
    처분벌점이 40점 미만인 경우에 최종의 위반일 또는 사고일로부터 위반 및 사고 없이 1년이 경과한 때에는 그 처분벌점은 소멸한다.
7. 벌점 공제
    (가) 인적 피해가 있는 교통사고를 야기하고 도주한 차량의 운전자를 검거하거나 신고하여 검거하게 한 운전자(교통사고의 피해자가 아닌 경우로 한정한다)에게는 검거 또는 신고할 때마다 40점의 특혜점수를 부여하여 기간과 관계없이 그 운전자가 정지 또는 취소처분을 받게 될 경우 누산점수에서 이를 공제한다. 이경우 공제되는 점수는 40점 단위로 한다.
    (나) 경찰청장이 정하여 고시하는 바에 따라 무위반·무사고 서약을 하고 1년간 이를 실천한 운전자에게는 실천할 때마다 10점의 특혜점수를 부여하여 기간과 관계없이 그 운전자가 정지 처분을 받게 될 경우 누산 점수에서 이를 공제한다. 이경우 공제되는 점수는 10점 단위로 한다.
8. 운전면허 정지 처분은 1회의 위반·사고로 인한 벌점 또는 처분벌점이 40점 이상이 된 때부터 결정하여 집행하되, 원칙적으로 1점을 1일로 계산하여 집행한다.

나. 도로교통법 개정법률(2019년 6월 25일 시행)
    (1) 혈중알코올농도 기준을 0.03%로 강화(정지 0.03% 이상, 취소 0.08% 이상)
    (2) 음주운전과 관련된 결격 기간 연장
        (가) 음주운전으로 사람을 사망에 이르게 하여 운전면허가 취소된 경우의 결격 기간 5년
        (나) 2회 이상 음주운전 교통사고를 일으켜 운전면허가 취소된 경우의 결격 기간 3년
        (다) 2회 이상 음주운전을 하여 운전면허가 취소된 경우나 1회 음주운전 교통사고를 일으켜 운전면허가 취소된 경우의 결격 기간 2년

(3) 2회 이상 음주운전을 한 경우 운전면허 취소
(4) 음주운전의 벌칙 수준 상향
   (가) 2회 이상 음주운전(측정 불응 포함)
       2년 이상 5년 이하의 징역 또는 1천만 원 이상 2천만 원 이하의 벌금

   (나) 측정에 불응하는 사람
       1년 이상 5년 이하의 징역이나 500만 원 이상 2천만 원 이하의 벌금
   (다) 0.2% 이상
       2년 이상 5년 이하의 징역이나 1천만 원 이상 2천만 원 이하의 벌금
   (라) 0.08% 이상 0.2% 미만
       1년 이상 2년 이하의 징역이나 500만 원 이상 1천만 원 이하의 벌금
   (마) 0.03% 이상 0.08% 미만
       1년 이하의 징역이나 500만 원 이하의 벌금

제3절 ♤ 교통사고처리 특례법

1. 제정 목적

가. 교통사고로 인한 피해의 신속한 회복 촉진

나. 일반적 과실에 의한 교통사고를 일으킨 자에 대한 형사상 처벌 특례

　이 법이 제정되기 전에는 교통사고를 일으킨 자에 대해 형법 제268조(업무상 과실·중과실 치사상) 또는 도로교통법 제151조 등을 적용하여 처벌하였으며, 피해자와의 합의 여부 등에 따라 그 처벌에 있어 정상참작을 하였을 뿐이다.

　그러나 자동차 운전이 일반화된 현대에 있어 교통사고를 낸 모든 사람을 처벌한다면 거의 모든 국민을 전과자로 만들 우려가 있어, 교통사고를 낸 운전자에 대한 형사상 처벌 특례를 정함과 동시에 교통사고로 인한 피해의 신속한 회복을 촉진하고, 국민 생활의 편의를 증진함을 목적으로 이 법이 제정되었다.

> **형법 제268조**　업무상 과실·중과실 치사상
>
> 업무상 과실 또는 중대한 과실로 인하여 사람을 사상에 이르게 한 자는 5년 이하의 금고 또는 2천만 원 이하의 벌금에 처한다. (개정 1995. 12. 29.)

> **도로교통법 제151조**　벌칙
>
> 차의 운전자가 업무상 필요한 주의를 게을리하거나 중대한 과실로 다른 사람의 건조물이나 그 밖의 재물을 손괴한 경우에는 2년 이하의 금고나 500만 원 이하의 벌금에 처한다. (시행일 2011. 12. 09.)}

> **교통사고처리 특례법 제3조**　처벌의 특례
>
> ① 차의 운전자가 교통사고로 인하여 「형법」 제268조의 죄를 범한 경우에는 5년 이하의 금고 또는 2천만 원 이하의 벌금에 처한다.
> ② 차의 교통으로 제1항의 죄 중 업무상과실치사상죄 또는 중과실치사상죄와 「도로교통법」 제151조의 죄를 범한 운전자에 대하여는 피해자의 명시적인 의사에 반하여 공소를

제기할 수 없다. 다만, 차의 운전자가 제1항의 죄 중 업무상과실치사상죄 또는 중과실치사상죄를 범하고도 피해자를 구호하는 등 「도로교통법」 제54조 제1항에 따른 조치를 하지 아니하고 도주하거나 피해자를 사고 장소로부터 옮겨 유기하고 도주한 경우, 같은 죄를 범하고 「도로교통법」 제44조 제2항을 위반하여 음주 측정 요구에 따르지 아니한 경우(운전자가 채혈 측정을 요청하거나 동의한 경우는 제외한다)와 다음 각호의 어느 하나에 해당하는 행위로 인하여 같은 죄를 범한 경우에는 그러하지 아니하다. (시행일 2016. 07. 28.)}

2. 특징

사망, 도주, 12개 항의 중과실 사고 이외의 사고 건에 대하여 가·피해자 간의 합의가 이루어지거나 자동차보험 또는 공제에 가입되었으면 가해 운전자를 공소권 없음으로 불기소 처리한다.

> 💡 **반의사불벌죄**
> 사망, 도주, 12개 항의 중과실 사고 이외의 교통사고일 때 피해자가 처벌을 원치 않는다는 의사표시를 하면 운전자를 처벌할 수 없다. 또한 사고 차량이 자동차보험 또는 공제에 가입된 경우에도 처벌되지 않는다.

처벌불원 의사표시 방법

조건부(치료비만 해결해 주면 운전자처벌 불원 등)이거나, 법대로 처리해 달라는 의사표시는 처벌불원 의사표시로 볼 수 없고, 피해자 본인(피해자의 형제자매, 법정대리권이 없는 자의 의사표시는 무효)이 의사표시를 하거나, 재물피해인 경우는 법인의 대표자나 위임자, 국가나 지방자치단체의 경우는 피해 재물에 대한 관리책임자가 의사표시를 해야 한다.

교통사고처리 특례법 제4조   보험 등에 가입된 경우의 특례

① 교통사고를 일으킨 차가 「보험업법」 제4조, 제126조, 제127조 및 제128조, 여객자동차 운수사업법」 제60조, 제61조 또는 「화물자동차 운수사업법」 제51조에 따른 보험 또는 공제에 가입되었으면 제3조 제2항 본문에 규정된 죄를 범한 차의 운전자에 대하여 공소를 제기할 수 없다. 다만, 다음 각호의 어느 하나에 해당할 때는 그러하지 아니하다.
  ㉮ 제3조 제2항 단서에 해당하는 경우
- 교통사고를 내고 도주한 때(피해자를 사고 장소로부터 옮겨 유기하고 도주한 때도 포함)
- 신호위반 등 12개 항의 위반행위로 치상 사고를 낸 때

  ㉯ 피해자가 신체의 상해로 인하여 생명에 대한 위험이 발생하거나 불구가 되거나 불치 또는 난치의 질병이 생긴 경우
  ㉰ 보험계약 또는 공제계약이 무효로 되거나 해지되거나 계약상의 면책 규정 등으로 인하여 보험회사, 공제조합 또는 공제사업자의 보험금 또는 공제금 지급 의무가 없어진 경우

② 보험 또는 공제란?
교통사고의 경우 「보험업법」에 의한 보험사업자 또는 「여객자동차 운수사업법」 또는 「화물자동차 운수사업법」에 의한 공제사업자가 인가된 보험약관 또는 승인된 공제약관에 의하여 피보험자 또는 공제조합원과 피해자 간의 합의 여부에도 불구하고 피보험자 또는 공제조합원에 갈음하여 피해자의 치료비에 관하여는 통상 비용의 전액을, 기타의 손해액에 대하여는 보험약관 또는 공제약관에서 정한 지급기준 금액을 대통령령이 정하는 바에 의하여 우선 지급하되 종국적으로는 확정판결 기타 이에 준하는 채무 명의상 피보험자 또는 공제조합원의 교통사고로 인한 손해배상금 전액을 보상하는 보험 또는 공제를 말한다.

3. 12개 항의 위반행위

가. 신호·지시위반

(1) 관계 법규

교통사고처리 특례법 제3조 제2항 제1호   신호위반

도로교통법 제5조에 따른 신호기가 표시하는 신호 또는 교통정리를 하는 경찰공무원 등의 신호를 위반하거나 통행의 금지 또는 일시 정지를 내용으로 하는 안전 표지가 표시하는 지시를 위반하여 운전한 경우

| 도로교통법 제5조 | 신호 또는 지시에 따를 의무 |

① 도로를 통행하는 보행자와 차마의 운전자는 교통안전시설이 표시하는 신호 또는 지시와 교통정리를 하는 국가 경찰공무원(전투경찰 순경을 포함한다. 이하 같다) 및 제주특별자치도의 자치 경찰공무원(이하 "자치 경찰공무원"이라 한다)이나 대통령령이 정하는 국가 경찰공무원 및 자치 경찰공무원을 보조하는 사람(이하 "경찰공무원 등"이라 한다)의 신호나 지시를 따라야 한다.
② 도로를 통행하는 보행자 및 모든 차마의 운전자는 제1항의 규정에 따른 교통안전시설이 표시하는 신호 또는 지시와 교통정리를 위한 경찰공무원 등의 신호 또는 지시가 다른 경우에는 경찰공무원 등의 신호 또는 지시에 따라야 한다.

(2) 정의

신호 또는 지시위반 사고 운전자가 위 규정에 따른 신호기나 경찰공무원 등의 신호 또는 통행의 금지나 일시 정지를 내용으로 하는 안전 표지의 지시를 위반하여 운전하는 것을 말한다.

(3) 신호·지시위반의 내용

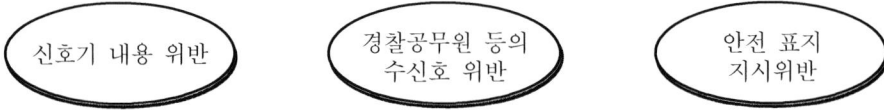

[그림 1-1] 신호·지시위반 내용

(가) 신호기의 종류와 내용

도로교통법 시행규칙 별표 2(신호기가 표시하는 신호의 종류와 뜻) 참조

① 녹색 등화
㉮ 차마는 직진 또는 우회전할 수 있다.
㉯ 비보호 좌회전 또는 비보호 좌회전 표시가 있는 곳에서는 좌회전할 수 있다. (개정 2010. 08. 24.)

※ 개정 이유
국제기준에 맞춰 녹색신호에 조건 없이 우회전할 수 있도록 하고, 좌회전의 경우 비보호 좌회전 표지가 설치된 장소에서만 허용하되, 좌회전 과정에서 다른 교통에 방해가 된 경우라도 신호위반의 과중한 책임을 지지 않도록 하기 위함이다. (조건 및 단서 삭제)

※ 경찰청 처리지침
　　녹색 등화 시 비보호 좌회전 표지 또는 비보호 좌회전 표시가 설치된 곳에서 좌회전 중에는 다른 교통을 방해하여 교통사고를 일으킨 경우에도 교통사고 처리 특례법 제3조 제2항 단서 제1호(신호위반)의 적용을 배제하고, 개별 도로교통 법규위반 행위에 따라 교차로 통행 방법 위반(같은 법 제25조), 안전 운전 의무 위반(같은 법 제48조) 등을 적용·처리한다.

② 황색 등화
　　㉮ 차마는 정지선이 있거나 횡단보도가 있는 때에는 그 직전이나 교차로의 직전에 정지하여야 하며, 이미 교차로에 차마의 일부라도 진입하였으면 신속히 교차로 밖으로 진행하여야 한다.
　　㉯ 차마는 우회전할 수 있고, 우회전할 때는 보행자의 횡단을 방해하지 못한다.
③ 적색등화
　　㉮ 차마는 정지선, 횡단보도 및 교차로의 직전에서 정지하여야 한다.
　　㉯ 차마는 신호에 따라 진행하는 다른 차마의 교통을 방해하지 아니하고 우회전할 수 있다.
④ 황색 등화의 점멸
　　차마는 다른 교통 또는 안전 표지의 표시에 주의하면서 진행할 수 있다.

(나) 신호기 위반의 종류
　① 사전출발 신호위반
　② 정지선 초과 신호위반(현저한 경우)

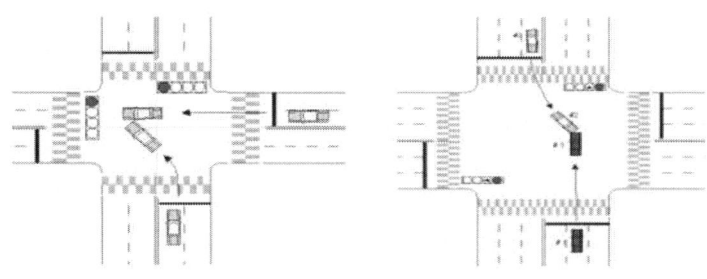

[그림 1-2] 신호기 위반 종류

③ 황색 주의신호 위반 사고

황색 등화 시 차마는 정지선이 있거나 횡단보도가 있을 때는 그 직전이나 교차로의 직전에 정지하여야 하며, 이미 교차로에 차마의 일부라도 진입하였을 때 신속히 교차로 밖으로 진행하여야 한다.

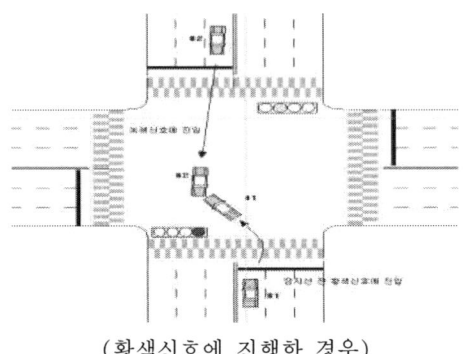

(황색신호에 진행한 경우)

[그림 1-3] 황색 주의신호 위반

(다) 수신호 위반의 종류와 내용

도로교통에 관하여 문자, 기호 또는 등화로써 전기의 힘으로 신호를 표시하는 장치가 신호기이며, 이를 사람의 동작으로 표시하는 것이 수신호이다. (도로교통법 시행규칙 제9조 별표 7 경찰공무원 등의 수신호의 종류·표시 방법 및 신호 참조)

① 수신호의 권한

수신호의 권한은 도로교통법 제5조에 국가경찰 공무원(전투경찰 순경 포함)과 대통령령이 정하는 국가 경찰공무원 및 자치 경찰공무원을 보조하는 사람(경찰공무원 등)으로 정하고 있는데, 여기에서 자치 경찰공무원 등이란 도로교통법시행령 제6조 1, 2항에서 규정하고 있는 모범운전자와 군 헌병을 말한다.

㉮ 국가경찰 공무원 : 교통경찰과 교통 의경, 전경

㉯ 국가경찰 공무원을 보조하는 사람 : 모범운전자와 군 헌병

② 수신호의 우선권

신호기나 안전 표지는 한정된 장소에 일정한 내용으로 대처하므로 급변하는 교통 상황에 능동적으로 대처하기가 곤란하다. 따라서 경찰공무원 등에 수신호의 권한을 부여하여 교통 상황에 따라 적기·적소에 효율적으로 대처할 수 있도록 하기 위함이다.

③ 수신호 위반 사고의 적용요건

<표 1-2> 수신호 위반 사고

| 수신호 위반 사고 | = | 반대 방향 정지 지시 진행 방향 진행유도 | ➡ | 수신호 표시 방법의 적정(도로교통법 시행규칙 별표) | ➡ | 수신호 위치의 적정(양방향 발견 가능지점) |

사례

신호기가 설치되어 있는 교차로에서 교통경찰(의경)이 교차로 중앙이 아닌 지점에서 신호 대기 중인 A 차량을 출발시켜 운전자가 수신호에 따라 교차로를 진행 중 정상 신호를 따라 진행하던 B 차량과 교차로 내에서 충돌한 경우

💡 신호기 내용에 따라 진행하던 차량에 대하여 교통 의경의 정지 수신호가 없었고 또한 수신호의 위치도 양 차량이 볼 수 있는 적정장소가 아니었으므로 신호위반 사고처리 불가 (경찰청 질의회신)

④ 국가경찰 공무원을 보조하는 사람의 범위(도로교통법 시행령 제6조)
    ㉮ 무사고 운전자 또는 유공 운전자의 표시장을 받은 사람으로서, 경찰서 모범운전자회에 가입하여 교통안전 봉사활동에 종사하고 있는 사람[모범운전자 선발 및 운용지침(교통안전담당관실-3509)(2004. 05. 20.)]
        - 모범운전자는 엄격한 기준에 따라 선발되어 주소지 관할 경찰서장의 철저한 행정감독 아래 출·퇴근 시간대 등에 교통체증 지역에서 근무 중 수신호를 하고 있을 때 이를 위반하면 수신호 위반을 적용하고 타 경찰서 관내 또는 지정장소 이외의 지역에서 수신호를 하다가 사고가 발생하면 수신호 위반을 적용하지 않는다.
    ㉯ 군사훈련 및 작전에 동원되는 부대의 이동을 유도하는 헌병
        ㉠ 군사훈련 및 작전에 동원되는 부대의 이동을 유도하는 헌병의 수신호를 위반하면 수신호 위반을 적용한다.
        ㉡ 기타 보조자의 수신호를 위반하면 특례단서 적용이 불가하다.
    ㉰ 본래의 긴급한 용도로 운행하는 소방차·구급차를 유도하는 소방공무원 (시행일 2013. 12. 29.)
⑤ 신호위반에 해당하는 규제표지
    ㉮ 규제표지 일련번호 201~207, 210, 211

㈏ 지시표지 중 일련번호 326, 327, 328과 규제표지 중 일련번호 201, 202, 203, 204, 205, 206, 207, 210, 211은 구간의 시작 및 끝의 보조표지를 부착·설치
㈐ 노면표지 중 510, 511, 512, 513, 514, 521
㈑ 위험물 적재 차량 통행금지표지(231)

(라) 신호·지시위반 사고의 성립

요건	내용	예외 사항
장소	• 신호기가 설치되어 있는 교차로나 횡단보도 • 경찰관 등 수신호 지역 • 지시표지판(12가지)이 설치된 구역 내 (통행금지, 진입 금지, 일시 정지)	• 진행 방향에 신호기가 설치되지 않은 경우 • 신호기의 고장이나 황색, 적색 점멸 신호등의 경우 • 기타 지시표지판(12가지 표지판) 등이 설치된 구역 내
피해자	신호 지시위반 차량에 충돌되어 인적 손해를 입은 경우	대물 손해만 입은 경우는 공소권 없음으로 처리
운전자	• 고의적 과실 • 의도적 과실 • 부주의에 의한 과실	• 불가항력적 과실 • 만부득이한 과실 • 교통상 적절한 행위는 예외
시설물 설치	도로교통법 제3조에 의거 시, 도지사 또는 시장·군수가 설치한 신호기나 안전표지	아파트단지 등 특정 구역 내부의 소통과 안전을 목적으로 자체적으로 설치된 경우는 제외

💡 사고 유형
① 가변차선 도로 신호위반 사고(중앙선침범 적용)
② 보행신호등만 있는 횡단보도 보행신호등 위반 사고(보행자 보호의무 위반)
③ 횡단보도에 오토바이를 타고(끌고) 가던 중 신호위반 차량과 충돌한 경우
　㉮ 이륜차량을 타고 간 경우(신호위반)
　㉯ 이륜차량을 끌고 간 경우(신호위반 및 보행자 보호의무 위반)
④ 어린이보호구역 내 사고(지시위반)
⑤ 통행금지 구역 내에서 사고(지시위반)
⑥ 신호에 따라 진행하였으나 교통체증으로 빠져나가지 못한 상태에서 신호에 따라 진입한 차량과 충돌한 사고(신호위반 처리 불가)
⑦ 정지신호에 의해 정지하고자 하였으나 정지하지 못하여 계속 진행하다가 발생한 사고(고의 또는 의도적이 아닌 경우 신호위반 적용 불가)
⑧ 적색신호에 우회전 중 정상 신호에 따라 진행하는 차량을 충돌한 경우(도로교통법 제25조. 교차로 통행 방법위반 적용. 적색등화 시 '차마는 신호에 따라 직진하는 측면교통을 방해하지 아니하고 우회전할 수 있다.')

⑨ 신호등 있는 교차로에서 좌회전 신호에 유턴하던 중 정상 우회전하는 차량과 충돌한 경우(도로교통법 시행규칙 제5조 제2항. 녹색화살표 등화 시 '차마는 화살표 방향으로 진행할 수 있다'라는 뜻으로 유턴 차량에 신호위반 적용)

나. 중앙선침범 사고
 (1) 관계 법규

| 교통사고처리 특례법 제3조 제2항 제2호 | 중앙선침범 |

도로교통법 제13조 제3항(차마의 통행)을 위반하여 중앙선을 침범하거나 같은 법 제62조의 규정에 위반하여 횡단·유턴 또는 후진한 경우

| 도로교통법 제62조 | 횡단 등의 금지 |

자동차의 운전자는 그 차를 운전하여 고속도로 등을 횡단하거나 유턴 또는 후진하여서는 아니 된다. 다만, 긴급자동차 또는 도로의 보수·유지 등의 작업을 하는 자동차 가운데 고속도로 등에서의 위험을 방지·제거하거나 교통사고에 대한 응급조치작업에 사용되는 자동차로서 그 목적을 위하여 부득이한 경우에는 그러하지 아니하다.

 (2) 정의
    '중앙선'이라 함은 차마의 통행을 방향별로 명확하게 구분하기 위하여 도로에 황색실선이나 황색점선 등의 안전 표지로 표시한 선 또는 중앙분리대, 철책, 울타리 등으로 설치한 시설을 말하며, 가변차로가 설치되면 신호기가 지시하는 진행 방향의 제일 왼쪽 황색점선을 말한다.
 (3) 중앙선침범 행위 내용
    (가) 중앙선을 넘었거나
    (나) 중앙선 상에 차체를 걸친 행위
 (4) 중앙선침범의 요건(법원의 태도)
    (가) 중앙선침범의 행위가 있어야 하고
    (나) 중앙선침범을 할 수밖에 없는 부득이한 사유가 없어야 하며
    (다) 중앙선 침범하여 운행한 행위로 인하여 치사·상 결과가 발생하여야 한다.

(5) 중앙선침범이 적용되는 경우
　(가) 고의, 의도적 중앙선 침범사고
　　💡 사고 유형
　　　① 주·정차 차량을 피해 가기 위해 부득이 중앙선(황색점선 포함)을 침범하여 운행 중 대형차량과 충돌한 사고(단, 줄줄이 주차해 있어 부득이한 경우는 예외임)
　　　② 주·정차 차량을 피해 가기 위해 중앙선(황색점선 포함)을 침범 운행 중, 대향차량이 진행해 오는 것을 보고 본 차선으로 복귀 중 후속 뒤 차량이나 앞 차량을 충돌한 사고
　　　③ 소형자전거를 타고 도로를 횡단하다가 대향차선 차량과 충돌한 사고
　　　④ 중앙선을 침범하거나 걸친 상태로 계속 진행하다가 대향차량과 충돌한 사고
　　　⑤ 후진하여 중앙선을 넘었다가 다시 진행차선으로 복귀하다가 후속 뒤 차량이나 앞차량을 충돌한 사고
　(나) 현저한 부주의에 의한 중앙선 침범사고(중앙선침범 이전에 선행된 중대한 과실이 있는 경우)
　　　① 커브 길에서 중앙선 침범한 사고
　　　　커브 길을 과속으로 운전하면 차체 원심력에 의해 뒷바퀴가 중앙선을 침범케 되며, 고의·의도적은 아니라 하더라도 쉽게 예견될 수 있는 상황이므로 불가항력적, 만부득이한 사항이라고 인정될 수 없으므로 중앙선침범을 적용한다.
　　　② 빗길을 과속으로 운행 중, 차체가 미끄러지며 중앙선을 침범한 사고
　　　　빗길을 과속으로 진행하다가 급제동하면 차체가 미끄러져 중앙선을 침범하리라는 것은 쉽게 예견될 수 있으며, 빗길에서 과속하다가 미끄러지는 것이 부득이하다거나 불가항력적이라고는 볼 수 없어 중앙선침범을 적용한다. 그러나 과속이 아니고 제한 속력 내에서 운행하다가 미끄러졌다면 중앙선침범 적용이 불가하다.
(6) 중앙선침범이 적용되지 않는 경우
　(가) 중앙선이 없는 도로나 교차로에서 발생한 사고
　(나) 중앙선의 도색이 마모되어 식별이 곤란하거나, 흙더미 또는 눈이 쌓여 보이지 않는 상태에서 중앙선을 넘어 발생한 사고
　(다) 유턴 허용지점에서 발생한 사고
　　　고의, 의도적 중앙선침범 → 중앙선침범 적용

(라) 아파트단지 내 사설 중앙선침범 사고
(마) 중앙선을 넘기 전에 충돌되어 그 충격으로 중앙선을 넘어 정지한 사고
(바) 부득이한 중앙선침범 사고

💡 부득이한 중앙선침범 사고
① 도로의 파손·공사로 인한 장애물을 피하고자 중앙선을 침범한 사고
② 앞차가 정지하는 것을 보고 추돌을 피하고자 중앙선을 침범한 사고
③ 급차선변경 하는 차량을 피하다가 중앙선을 침범한 사고
④ 무단으로 횡단하는 사람을 피하다가 중앙선을 침범한 사고
⑤ 빗길 또는 눈길에 미끄러지며 중앙선을 침범한 사고(제한속도 이내 진행)
위 ②, ③, ④, ⑤의 경우 중앙선을 침범하게 된 이유가 합리적이고 객관적 사실이 증명되어야 한다.

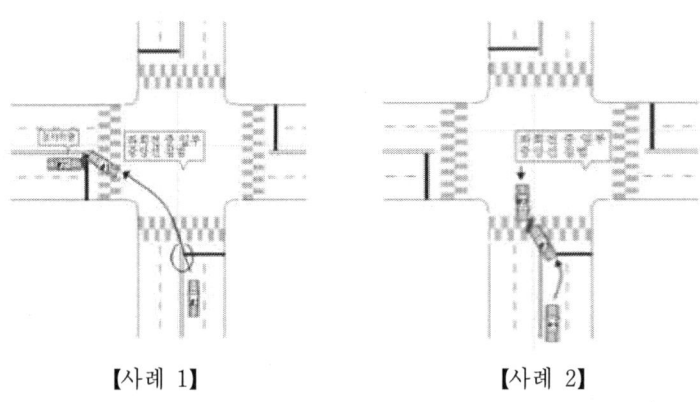

【사례 1】　　　　【사례 2】

[그림 1-4] 중앙선침범 사고

#1차량 : 도로교통법 제26조(교통정리가 없는 교차로에서의 양보 운전) 위반
※ 좌회전 허용지점에서 좌회전하다 업무상 주의의무를 게을리한 과실로 사고 발생한 것일 뿐 중앙선침범과 충돌사고와의 직접적인 인과관계가 없으므로 중앙선 침범처리 배제함. 다만, 중앙선침범 거리가 외견상 상당하고 도로 여건상 부득이한 경우가 아니거나 정상적으로 좌회전하려는 의사가 있었다고 보기 어려운 경우는 중앙선침범을 적용한다.

(7) 중앙선이 없어도 중앙선침범이 인정되는 경우
횡단보도에서 불법유턴(회전) 하던 중 발생한 사고 : 대향차선 신뢰에 어긋나고 무과실 피해자 보호 측면에서 중앙선침범을 적용한다.

(8) 동일방향 중앙선침범 사고
중앙선침범 행위를 특례법 예외 단서의 하나로 규정한 것은 교통의 기본원칙인

신뢰의 원칙 사수와 대향차선을 진행 중인 무과실 피해자의 보호에 그 목적이 있으므로 동일방향 중앙선을 침범하였을 때 공소권 없음으로 처리한다.
(단, 중앙선을 침범하면서 앞지르기한 후 또는 후진한 후 다시 본 차선으로 진입하면서 사고 발생하였으면 중앙선침범을 적용한다)

- 동일방향 뒤 차량이 먼저 중앙선을 침범하여 운행 중 앞 차량이 중앙선을 침범하여 발생한 사고의 경우 뒤 차량을 1차량으로 하는 이유
  ① 모든 차량의 운전자는 앞지르기하고자 할 때는 전방의 교통을 잘 살피고 방향지시기, 등화를 사용하는 등 안전한 속도와 방법으로 앞지르기를 하여야 한다고 규정되어 있고
  ② 상대 차량에 대한 주시의무 측면에서 볼 때 뒤 차량이 앞 차량의 주시는 쉬워도 앞 차량이 뒤 차량을 주시하기는 현실적으로 어려우며
  ③ 선 불법행위의 뒤 차량이 앞 차량의 후 불법행위를 예견할 수 있으므로 이에 대한 위험 발생 대비 의무가 있다고 보아야 할 것이고
  ④ 뒤 차량은 앞 차량이 좌·우 진로 변경 또는 정지한다고 해도 충분히 안전거리를 확보하여 사고를 방지하여야 할 의무 등이 있는 점을 고려할 때 뒤 차량이 1차량이다.
  (경찰청 질의회시)

다. 과속 운전 사고
 (1) 과속의 개념
   (가) 법정속도나 제한속도를 초과하여 운행하는 경우
   (나) 특례법상 과속 : 제한속도를 20km/h 초과
 (2) 관계 법규

도로교통법 제17조 자동차 등의 속도

① 자동차 등의 도로 통행속도는 행정자치부령으로 정한다. (개정 2013. 03. 23.)
② 경찰청장이나 지방경찰청장은 도로에서 일어나는 위험을 방지하고 교통의 안전과 원활한 소통을 확보하기 위하여 필요하다고 인정하는 경우에는 다음 각호의 구분에 따라 구역이나 구간을 지정하여 제1항에 따라 정한 속도를 제한할 수 있다.
 1. 경찰청장 : 고속도로
 2. 지방경찰청장 : 고속도로를 제외한 도로
③ 자동차 등의 운전자는 제1항과 제2항에 따른 최고속도보다 빠르게 운전하거나 최저속도보다 느리게 운전하여서는 아니 된다. 다만 교통이 밀리거나 그 밖의 부득이한 사유로 최저속도보다 느리게 운전할 수밖에 없는 경우에는 그러하지 아니하다.

(3) 과속 추정 방법

    (가) 운전자 자백 : 자백만으로는 증거가 되지 않음

    (나) Speed Gun

    (다) Skid Mark

    (라) Yaw Mark

    (마) Tachometer

(4) 비, 바람, 안개, 눈 등으로 인한 이상기후 시의 속도

    (가) 최고속도의 100분의 20을 줄인 속도로 운행하여야 할 경우

        ① 비가 내려 노면에 습기가 있을 때

        ② 눈이 20mm 미만 쌓인 때

    (나) 최고속도의 100분의 50을 줄인 속도로 운행하여야 할 경우

        ① 폭우·폭설·안개 등으로 가시거리가 100m 이내일 때

        ② 노면이 얼어붙은 때

        ③ 눈이 20mm 이상 쌓인 때

(5) 일반도로와 고속도로 등에서의 속도

<표 1-3> 일반도로와 고속도로 등에서의 속도

도로	차로 별	최저 및 최고속도
일반도로	편도 2차로 미만	최고 60km/h
	편도 2차로 이상	최고 80km/h
	자동차 전용도로	최저 30km/h 최고 90km/h
	편도 2차로 이상	최저 50km/h 최고 90km/h(적재중량 1.5톤 초과 화물자동차, 특수차, 건설기계: 90km/h)
고속도로	편도 1차로	최저 50km/h 최고 80km/h
	중부선	최저 60km/h 최고 110km/h(적재중량 1.5톤 초과 화물자동차, 특수차, 건설기계: 90km/h)

(6) 견인자동차가 아닌 자동차로 다른 자동차를 견인하여 도로(고속도로를 제외한다)를 통행하는 때의 속도
  (가) 총중량 2,000kg에 미달하는 자동차를 그의 3배 이상의 총중량인 자동차로 견인하는 때에는 매시 30km 이내
  (나) (가) 외의 경우 및 이륜자동차가 견인하는 때에는 매시 25km 이내
    ※ 고속도로에서는 견인자동차가 아닌 자동차로 다른 자동차를 견인할 수 없다.
(7) 안전거리(차와 차 사이의 거리) 확보와 정지거리
  (가) 모든 차는 같은 방향으로 가고 있는 앞차의 뒤를 따르는 때에는 앞차가 갑자기 정지하게 될 때는 그 앞차와의 충돌을 피할 만한 안전거리를 확보하여야 한다.
  (나) 모든 차는 그 진로를 변경하고자 할 때 그 변경하고자 하는 방향으로 오고 있는 모든 뒤차와의 충돌을 피할 수 있는 필요한 거리를 확보할 수 없는 때에는 그 진로를 변경하여서는 아니 된다.
  (다) 정지거리

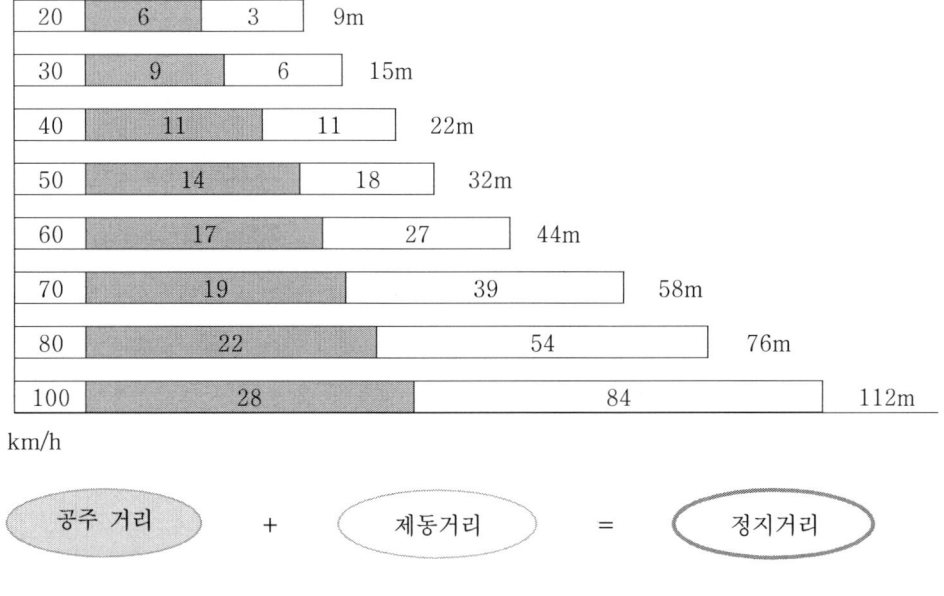

[그림 1-5] 정지거리

- 이 표의 수치는 건조한 포장도로에서 급브레이크를 밟았을 때의 예이다.
- 비가 올 때는 이 길이의 1.5배 이상, 빙판길에서는 3배 이상 된다.
- 정지거리는 차종, 중량에 따라 달라진다.

(라) 공주 거리 : 운전자가 위험을 느끼고 브레이크를 밟아 브레이크가 실제로 듣기 시작하기까지의 사이에 주행하는 거리

(마) 제동거리 : 브레이크가 듣기 시작하여 정지할 때까지의 거리

제동거리의 산출

주행속도 v(km/h)의 자동차가 제동력 F(kgf)의 작용으로 제동거리 S(m)에서 정지하였다면 이때 자동차가 한 일은 다음과 같다.

자동차가 한 일 = 제동력(F) × 운동 거리(S)
이때 자동차가 가지고 있는 에너지는 다음과 같이 표현할 수 있다.
자동차가 가지고 있는 에너지 = $\frac{1}{2}$m(질량) × v^2(속도의 제곱)
질량 m은 자동차의 중량 W(kgf)을 중력가속도 g(9.8m/s²)로 나눈 것과 같으므로
자동차가 가지고 있는 에너지 = $\frac{1}{2}$ × W/g × v^2(속도의 제곱)이 된다.
결론적으로 자동차가 한 일과 자동차가 가지고 있는 에너지는 같으므로
F × S = $\frac{1}{2}$ × W/g × v^2 으로 표현할 수 있고, 1km/h = 1/3.6 m/s이므로
= $\frac{1}{2}$ × W/9.8 × (V/3.6)²
= W·v^2/254
∴ 제동거리 S = v^2/254 × W/F로 산출할 수 있다.

이외에 자동차에 제동을 가하면 자동차 자체의 운동을 정지시키는 한편, 자동차에 장착된 각종 기어나 바퀴 등의 회전체 등도 정지시키지 않으면 안 된다. 따라서 이들 회전체에 대한 중량을 '회전 부분 상당 중량'이라 하고 통상 승용차의 경우 차량 중량의 5%, 화물차의 경우 차량 중량의 7%를 회전 부분 상당 중량으로 계산한다.
또한 자동차가 정지할 때 발생하는 노면과의 마찰이나 구배 값(오르막, 내리막)을 적용하게 되는 데 대체로 빙판길의 경우 0.2 미만, 보통의 아스팔트 도로의 경우 0.7 정도의 마찰계수를 고려하여 계산한다.

즉, S = v^2/254 × (W+W') / F×(μ±i)가 되고 속도를 구하면

$$v = \sqrt{254 \times S \times F(\mu \pm i)/W + W'}$$ 이 된다.

v : 급제동 시점에서의 속력(km/h)   S : 급제동하여 미끄러진 거리(m)
μ : 노면과 타이어의 마찰계수   i : 구배 값(+오르막, -내리막)
F : 제동력(kgf)   W : 차량 중량(kgf)
W': 회전 부분 상당 중량(kgf)

💡 공주 거리 산출

주행속도 $v$km/h 즉, $v/3.6$m/s의 자동차가 공주시간 동안 진행한 거리는

거리 = 속도 × 시간이므로

공주 거리(S_1) = $v/3.6$ × 공주시간(t) 이 된다.

※ 운전자의 공주시간은 통상 0.7초~1초를 적용한다.

💡 정지거리 산출

정지거리 = 공주 거리 + 제동거리

= $v^2/254$ × W/F + $v/3.6$ × t가 된다.

라. 앞지르기 방법·금지위반 사고

(1) 앞지르기의 개념

앞지르기의 방법·금지, 시기·금지장소 또는 끼어들기의 금지를 위반하거나 고속도로에서의 앞지르기 방법을 위반하여 운전한 경우를 말한다.

(가) 앞지르기의 내용

앞차의 측면을 통과하여 앞으로 나아가는 행위

(나) 앞지르기와 차로변경의 차이

① 차로변경 : 차로를 바꿔 곧바로 진행하는 상황

② 앞지르기 : 중앙선을 넘어 앞차의 좌측으로 진행하다가 앞차의 앞으로 나아가는 상황

(2) 관계 법규

| 도로교통법 제21조 | 앞지르기 방법 등 |

① 모든 차의 운전자는 다른 차를 앞지르려면 앞차의 좌측을 통행하여야 한다.
② 제1항의 경우 앞지르려고 하는 모든 차의 운전자는 반대 방향의 교통과 앞차 앞쪽의 교통에도 주의를 충분히 기울여야 하며, 앞차의 속도·진로와 그 밖의 도로 상황에 따라 방향지시기·등화 또는 경음기를 사용하는 등 안전한 속도와 방법으로 앞지르기를 하여야 한다.
③ 모든 차의 운전자는 앞지르기하려는 차가 제1항, 제2항 또는 제60조 제2항의 규정에 따른 방법으로 앞지르기를 하는 차가 있는 때에는 속도를 높여 경쟁하거나 앞지르기를 하는 차의 앞을 가로막는 등의 방법으로 앞지르기를 방해하여서는 아니 된다.

| 도로교통법 제22조 | 앞지르기 금지의 시기 및 장소 |

① 모든 차의 운전자는 다음 각호의 어느 하나에 해당하는 경우에는 앞차를 앞지르지 못한다.
  1. 앞차의 좌측에 다른 차가 앞차와 나란히 가고 있는 경우
  2. 앞차가 다른 차를 앞지르고 있거나 앞지르려고 하는 경우
② 모든 차의 운전자는 다음 각호의 어느 하나에 해당하는 다른 차를 앞지르지 못한다.
  1. 이 법이나 이 법에 따른 명령에 따라 정지하거나 서행하고 있는 차
  2. 경찰공무원의 지시에 따라 정지하거나 서행하고 있는 차
  3. 위험을 방지하기 위하여 정지하거나 서행하고 있는 차
③ 모든 차의 운전자는 다음 각호의 어느 하나에 해당하는 곳에서는 다른 차를 앞지르지 못한다.
  1. 교차로
  2. 터널 안
  3. 다리 위
  4. 도로의 구부러진 곳, 비탈길의 고갯마루 부근 또는 가파른 비탈길의 내리막 등 지방경찰청장이 도로에서의 위험을 방지하고 교통의 안전과 원활한 소통을 확보하기 위하여 필요하다고 인정하는 곳으로서 안전 표지에 의하여 지정한 곳

(3) 앞지르기가 금지된 장소
  ① 교차로   ② 터널 안   ③ 다리 위   ④ 커브길
  ⑤ 고갯마루   ⑥ 내리막   ⑦ 기타 지방경찰청장의 지정장소

마. 철길건널목 통과 방법위반

철길건널목 통과 방법을 위반하여 운전한 경우로서, 건널목이란 철도와 도로법에서 정한 도로가 평면 교차하는 곳을 말하며, 철도 정거장 구내에서 직원 또는 여객의 통행과 화물의 운반을 목적으로 사용되는 구내통로는 제외된다.

바. 횡단보도의 보행자 보호의무 위반

횡단보도라 함은 보행자가 도로를 횡단하기 위하여 안전 표지에 따라 표시된 도로의 부분을 말하며, 보행자가 횡단보도를 통행하고 있는 때에는 일시 정지하거나 그 통행을 방해하지 않도록 하여야 한다.
  (1) 뒤차의 추돌에 의해 앞차가 밀려 나가 횡단보도의 보행자를 충격하였을 때 뒤차량이 보행자 보호의무 위반이 된다.

(2) 횡단보도와 정지선 사이의 사고
   (가) 신호등이 없는 경우 : 안전 운전 불이행
   (나) 신호등이 있는 경우 : 정지신호면 신호위반 적용(현저한 경우)
(3) 횡단보도에서 자전거(이륜차)를 타고 가거나 끌고 가던 중 발생한 사고

<표 1-4> 횡단보도 사고

형태	결과	조치
자전거를 타고 횡단보도 통과 중에 발생한 사고	제 차로 간주	안전 운전 불이행 적용
자전거를 끌고 횡단보도 보행 중에 발생한 사고	보행자로 간주	보행자 보호 의무 위반 적용
자전거를 타고 가다가 멈추고 한 발을 페달에, 한발은 노면을 딛고 서 있던 중 발생한 사고	보행자로 간주	보행자 보호 의무 위반

(4) 학교·아파트단지 내 등의 사설 횡단보도
   : 교통사고처리 특례법 단서 제6호 보행자 보호의무 위반 적용 불가

사. 무면허 운전
(1) 무면허 운전의 정의
   무면허 운전이란 도로교통법 또는 건설기계관리법의 운전(조종)면허에 관한 규정을 위반하는 무면허 또는 무자격 운전을 말하며, 운전면허의 효력이 정지 중이거나 운전의 금지 중일 때에 운전하는 것을 포함한다. 운전이란 도로(도로교통법 제44조(술에 취한 상태에서의 운전 금지), 제45조(과로한 때의 운전 금지), 제54조 제1항(사고 발생 시 조치), 제148조(벌칙) 및 제148조의 2(벌칙)에만 도로 외의 곳을 포함한다)에서 자동차를 그 본래의 사용 방법에 따라 사용하는 것을 말한다. (시행일 2011. 01. 24)

• 도로교통법 제43조(무면허 운전 등의 금지) ─┐
• 건설기계 관리법 제26조 제1항(건설기계 조종사면허) ─┤ 취득하지 아니하고 운전한 경우
• 도로교통법 제96조(국제운전면허증) ─┘

※ 무면허의 성립요건
   • 면허 없이 운전한다는 인식 필요
   • 취소·정지 사실을 알지 못하고 운전하였으며, 취소·정지 사실을 알지 못한데 대하여 잘못이 없으면 무면허 운전 적용이 불가하다.

(2) 관계 법규

도로교통법 제43조   무면허 운전 등의 금지

누구든지 제80조(운전면허)에 따라 지방경찰청장으로부터 운전면허를 받지 아니하거나 운전면허의 효력이 정지된 경우에는 자동차 등을 운전하여서는 아니 된다.

도로교통법 제80조   운전면허

① 자동차 등을 운전하려는 사람은 지방경찰청장으로부터 운전면허를 받아야 한다. 다만, 제2조 제19호 나목의 원동기를 단 차 중 「교통약자의 이동편의 증진법」 제2조 제1호에 따른 교통약자가 최고속도 시속 20㎞ 이하로만 운행될 수 있는 차를 운전하는 경우에는 그러하지 아니하다.
② 지방경찰청장은 운전을 할 수 있는 차의 종류를 기준으로 다음 각호와 같이 운전면허의 범위를 구분하고 관리하여야 한다. 이경우 운전면허의 범위에 따라 운전할 수 있는 차의 종류는 행정안전부령으로 정한다.
   1. 제1종 운전면허
     가. 대형면허
     나. 보통면허
     다. 소형면허
     라. 특수면허
        1) 대형견인차 면허
        2) 소형견인차 면허
        3) 구난차 면허
   2. 제2종 운전면허
     가. 보통면허
     나. 소형면허
     다. 원동기장치자전거 면허
   3. 연습 운전면허
     가. 제1종 보통 연습 면허
     나. 제2종 보통 연습 면허
③ 지방경찰청장은 운전면허를 받을 사람의 신체 상태 또는 운전 능력에 따라 행정안전부령으로 정하는 바에 따라 운전할 수 있는 자동차 등의 구조를 한정하는 등 운전면허에 필요한 조건을 붙일 수 있다.
④ 지방경찰청장은 제87조 및 제88조에 따라 적성검사를 받은 사람의 신체 상태 또는 운전 능력에 따라 제3항에 따른 조건을 새로 붙이거나 바꿀 수 있다.

(3) 무면허 운전의 종류
    (가) 면허를 취득하지 않고 운전
        ① 도로교통법 제43조(운전면허를 받지 아니하거나 면허의 효력이 정지된 경우에는 자동차 등을 운전하여서는 아니 된다)
        ② 건설기계 관리법 제26조 제1항(국토교통부령으로 정하는 건설기계는 대형 1종으로 운전)
        ③ 도로교통법 제96조(국내에 입국한 날로부터 1년)
        외국인이 국제운전면허를 받지 아니하고 운전하였거나 받았다 하더라도 입국일로부터 1년을 초과한 경우와 비사업용자동차 이외의 자동차를 운전한 경우(도로교통법 제96조 참조)
        ※ 국제운전면허증을 외국에서 발급받은 사람은 입국일로부터 1년 이내라 하더라도 면허 유효기간을 초과할 수 없다.
    (나) 유효기간이 지난 면허증으로 운전
    (다) 면허취소 처분을 받은 자가 운전
    (라) 면허정지 기간에 운전
    (마) 시험합격 후 면허증 교부 전에 운전
    (바) 면허 종별 외 차량 운전(면허 종별위반)
    (사) 적성검사 기간만료일로부터 1년간 최소유예 기간 경과 후 운전한 경우
    (아) 군부대에서 운전면허를 받은 현역군인이 군용차량 또는 현역 장성 등이 사용하고 있는 자동차(자동차등록증에 군용표시가 된 자동차) 이외의 자동차를 운전한 경우
    (자) 관할 경찰서장의 허가 없이 운전 연습을 위하여 운전하는 경우

💡 군 면허
    ① 군 면허 규정
    군 운전면허의 근거는 육군 규정으로 되어 있으며 도로교통법에 의해서는 반드시 사회 운전면허를 가지고 운전하여야 한다. 따라서 군용차량은 군인이 군 면허를 소지하고 운전하여야 하며, 적격기준에 따라 운전했는지가 무면허 운전의 판단 요소가 된다.

② 군 면허로 운전할 수 있는 차량의 종류

<표 1-5> 군 면허로 운전할 수 있는 차량의 종류

운전면허	운전할 수 있는 차량	비고
경차량	• 승차정원 16인 이하 승합차 • 경장갑차 • 다목적전술차량 • 적재중량 5t 미만의 차량	1. 운전면허 발급권자 : 각 군 수송 교육단장, 종합군수학교장 2. 근거 : 육군 규정, 수송부 관리 3. 일반 자가용 차량이라도 자동차등록증에 "군용"이라는 표시가 있으면 군 면허로 운전 가능함.
중 차량	• 승차정원 17인 이상 승합차 • 적재중량 5t 이상 화물차 및 특수차량(트레일러 제외)	
특수면허	• 레커 등	

③ 무면허 판단 여부
　㉮ 군 면허를 소지하고 군용차량을 운전한 경우라도 운전할 수 있는 차량의 기준을 위배하면 무면허에 해당한다.
　㉯ 도로교통법에 따라 취득한 운전면허로 운전 가능한 군용차량을 운전하는 경우는 면허가 유효하나 군 면허를 가지고 사회 차량을 운전하면 무면허에 해당한다.

④ 운전면허별 군 차량 운전 허용기준

<표 1-6> 운전면허별 군 차량 운전 허용기준

운전면허	운전할 수 있는 차량
1종 대형	• 승용·승합차 : 17인승 이상 버스 • 화물트럭 　- 15톤 덤프, 25톤 트레일러 　- 5톤 이상(소방차, 트랙터, 구난차)
1종 보통	• 승용·승합차 : 16인승 이하 승차정원 차량 • 화물트럭 　- 2 1/2톤(카고, 삽차, 유조차, 급수차, 위생차, 부식운반차, 청소차, 이동 P·X) 　- 5톤(카고, 덤프, 밴, 부교, 장축 차) 　- 9톤(카고)
2종 보통	• 승용/승합차 : 9인승 이하 승차정원 차량(1/4톤 차량) • 화물트럭 　- 1/4톤(토우적재, 제논 탑재), 1톤 픽업 　- 1 1/4톤(카고, 가설차, 구급차, 암호 차, 방송 차, FDC, 삽차), 2 1/2톤 카고

[운전할 수 있는 차의 종류(도로교통법시행규칙 별표 18, 개정 2018. 04. 25.)]

종별	구분		운전할 수 있는 차량	비고

제1종	대형면허		• 승용자동차·승합자동차·화물자동차
			• 건설기계
			  – 덤프트럭, 아스팔트살포기, 노상 안정기
			  – 콘크리트 믹서트럭, 콘크리트 펌프, 천공기(트럭 적재식)
			  – 콘크리트 믹서 트레일러, 아스팔트콘크리트 재생기
			  – 도로보수 트럭, 3톤 미만의 지게차
			• 특수자동차[대형견인차, 소형견인차 및 구난차
			  (이하 "구난차 등"이라 한다)는 제외한다]
			• 원동기장치자전거	

	보통면허		• 승용자동차 • 승차정원 15명 이하의 승합자동차 • 적재중량 12톤 미만의 화물자동차 • 건설기계(도로를 운행하는 3톤 미만의 지게차로 한정한다) • 총중량 10톤 미만의 특수자동차(구난차 등은 제외한다) • 원동기장치자전거	
	소형면허		• 3륜 화물자동차·3륜 승용자동차 • 원동기장치자전거	
	특수면허	대형견인차	1. 견인형 특수자동차 2. 제2종 보통면허로 운전할 수 있는 자동차	
		소형견인차	1. 총중량 3.5톤 이하의 견인형 특수자동차 2. 제2종 보통면허로 운전할 수 있는 자동차	
		구난차	1. 구난형 특수자동차 2. 제2종 보통면허로 운전할 수 있는 자동차	
제2종	보통면허		• 승용자동차 • 승차정원 10인 이하의 승합자동차 • 적재중량 4톤 이하의 화물자동차 • 총중량 3.5톤 이하의 특수자동차(구난차 등은 제외한다) • 원동기장치자전거	
	소형면허		• 이륜자동차(운반차를 포함한다) • 원동기장치자전거	
	원동기 장치 자전거 면허		• 원동기장치자전거	
연습면허	제1종 보통		• 승용자동차 • 승차정원 15명 이하의 승합자동차 • 적재중량 12톤 미만의 화물자동차	
	제2종 보통		• 승용자동차 • 승차정원 10명 이하의 승합자동차 • 적재중량 4톤 이하의 화물자동차	

<주>
1. 자동차관리법 제30조에 따라 자동차의 형식이 변경 승인되거나 같은 법 제34조에 따라 자동차의 구조 또는 장치가 변경 승인되었을 때 다음의 구분에 기준에 따라 이 표를 적용한다.
    가. 자동차의 형식이 변경되었을 때 : 다음의 구분에 따른 정원 또는 중량 기준
     (1) 차종이 변경되거나 승차정원 또는 적재중량이 증가하였을 때 : 변경승인 후의 차량 종류나 승차정원 또는 적재중량
     (2) 차종의 변경 없이 승차정원 또는 적재중량이 감소하였을 때 : 변경승인 전의 승차정원 또는 적재중량
    나. 자동차의 구조 또는 장치가 변경되었을 때 : 변경승인 전의 승차정원 또는 적재중량
2. 별표 9 (주) 제6호 각 목에 따른 위험물 등을 운반하는 적재중량 3t 이하 또는 적재용량 3,000ℓ이하의 화물자동차는 제1종 보통면허가 있어야 운전을 할 수 있고, 적재중량 3t 초과 또는 적재용량 3,000ℓ초과의 화물자동차는 제1종 대형면허가 있어야 운전할 수 있다.
3. 피견인자동차는 제1종 대형면허, 제1종 보통면허 또는 제2종 보통면허를 가지고 있는 사람이 그 면허로 운전할 수 있는 자동차(「자동차관리법」 제3조에 따른 이륜자동차는 제외한다)로 견인할 수 있다. 이경우 총중량 750kg을 초과하는 피견인자동차를 견인하기 위해서는 견인하는 자동차를 운전할 수 있는 면허와 소형견인차 면허 또는 대형견인차 면허를 하고 있어야 하고, 3t을 초과하는 피견인자동차를 견인하기 위해서는 견인하는 자동차를 운전할 수 있는 면허와 대형견인차 면허가 있어야 한다.

※ 이륜자동차
  주로 1 내지 2 정도의 사람을 운송하기에 적합하도록 제작된 2륜 자동차 또는 이에 1륜에 측차를 붙인 자동차와 배기량 125cc 이하의 3륜 형의 자동차를 말한다. 다만, 배기량 50cc 미만의 것 또는 정격출력 0.59kW 미만의 것은 제외한다.

※ 원동기장치자전거
  자동차관리법 제3조의 규정에 따른 이륜자동차 중 배기량 125cc 이하의 이륜자동차와 50cc 미만의 원동기를 단 차

(4) 운전에 해당하지 않는 경우 무면허 적용 여부

사례

내리막길에 주차된 차량을 무면허 운전자가 운전하려 하자 친구인 차주가 키를 가지고 피했는데 무면허 운전자가 키가 없어 시동을 걸지 못한 채 기기를 조작하다가 Side Brake가 풀려 차가 미끄러져 내려가 사고 발생

💡 운전이란 도로에서 차를 그 본래의 사용 방법에 따라 사용하는 것으로 사고 장소가 내리막길 인도이므로 도로에는 해당하나 차를 그 본래의 사용 방법에 따라 사용하였는지를 판단하여야 함.

사례의 경우에는 자동차 키를 조작하여 Engine을 작동치 않았으며, 단순히 기기를 조작하다가 Side Brake만 푼 상황에서 차가 미끄러져 내려갔으므로 그 본래의 사용 방법에 따라 사용하였다고 볼 수 없다.

(5) 운전면허의 효력 정지(취소) 절차
  (가) 운전면허 정지(취소) 시기
      발급 관서의 취소 결정 후 운전면허 정지·취소처분통지서를 본인에게 통지하여 도착이 확인된 때
      ① 면허취소 과정

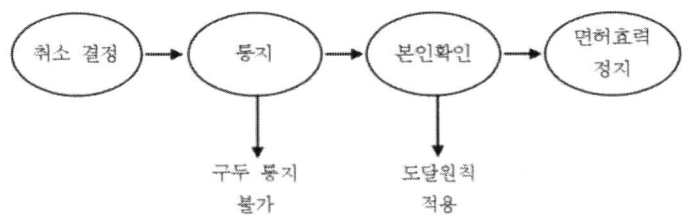

      ② 통지가 반송된 경우

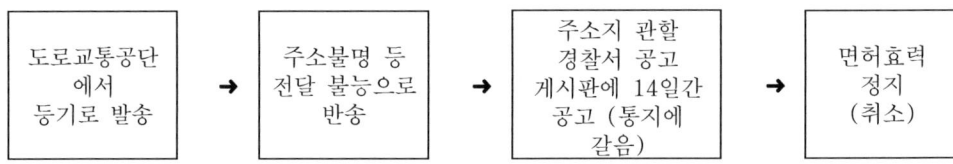

[그림 1-6] 면허취소 과정

| 도로교통법시행규칙 제93조 | 운전면허 정지·취소 처분절차 |

① 지방경찰청장 또는 경찰서장이 법 제93조의 규정에 의하여 운전면허의 취소 또는 정지 처분을 하려는 때에는 별지 제81호 서식의 운전면허 정지·취소처분 사전통지서를 그 대상자에게 발송 또는 발급하여야 한다. 다만, 그 대상자의 주소 등을 통상적인 방법으로 확인할 수 없거나 발송이 불가능한 경우에는 운전면허 대장에 기재된 그 대상자의 주소지를 관할
  하는 경찰관서의 게시판에 14일간 이를 공고함으로써 통지를 대신할 수 있다.
② 제①항에 따라 통지를 받은 처분의 상대방 또는 그 대리인은 지정된 일시에 출석하거나 서면으로 이의를 제기할 수 있다. 이경우 지정된 기일까지 이의를 제기하지 아니한 때에는 이의가 없는 것으로 본다.
③ 지방경찰청장 또는 경찰서장은 법 제93조에 따라 운전면허의 정지 또는 취소처분을 결정한 때에는 별지 제82호 서식의 운전면허 취소·정지 처분 결정 통지서를 그 처분의 대상자에게 발송 또는 발급하여야 한다. 다만, 그 처분의 대상자가 소재 불명으로 통지를 할 수 없는 때에는 운전면허 대장에 기재된 그 대상자의 주소지를 관할하는 경찰관서의 게시판에 14일간 이를 공고함으로써 통지를 대신할 수 있다.

| 도로교통법 제95조 | 면허증 반납 |

① 운전면허증을 받은 사람이 다음 각호의 어느 하나에 해당하면 그 사유가 발생한 날부터 7일 이내에 주소지를 관할하는 지방경찰청장에게 운전면허증을 반납하여야 한다.
 1. 운전면허 취소의 처분을 받은 경우
 2. 운전면허 효력 정지의 처분을 받은 경우
 3. 운전면허증을 잃어버리고 다시 발급받은 후 그 잃어버린 운전면허증을 찾은 경우
 4. 연습 운전면허증을 받은 사람이 제1종 보통 면허증 또는 제2종 보통 면허증을 받은 경우
 5. 운전면허증 갱신을 받은 경우
② 경찰공무원은 제1항을 위반하여 운전면허증을 반납하지 아니한 사람이 소지한 운전면허증을 직접 회수할 수 있다.
③ 지방경찰청장이 제1항 제 2코에 따라 운전면허증을 반납받았거나 제2항에 따라 제1항 제2호에 해당하는 사람으로부터 운전면허증을 회수하였을 때는 이를 보관하였다가 정지 기간이 끝난 즉시 돌려주어야 한다. (시행일 2011. 12. 09.)

(6) 적성검사 미필에 대한 처리
　　(가) 지방경찰청장은 정기적성 검사 또는 운전면허증의 갱신교부를 받지 아니한 때 정지·취소처분 전에 기간만료일로부터 10월이 지나기 전에 그 대상자에게 운전면허 조건부 취소 결정 통지서를 발송하여야 한다[도로교통법 시행규칙 제94조(운전면허 취소 처분절차의 특례) 참조].
　　(나) 적성검사 유효기간이 만료되어도 1 연간 유예기간을 주었다가 그 기간이 지나도록 적성검사를 받지 않았을 때 면허가 취소된다.
　　(다) 적성검사를 받지 않으면 3만 원의 과태료 부과

(7) 연습 운전면허
　　(가) 연습 운전면허의 효력
　　　　연습 운전면허는 그 면허를 받은 날로부터 1년간만 효력을 가진다.
　　(나) 연습 운전면허를 받은 사람의 준수사항
　　　　① 제1종 및 2종 보통 연습 운전면허를 받은 사람은 사업용 자동차를 운전할 수 없다.
　　　　② 운전연습자 또는 운전 연습 지도원은 운전 연습이나 운전 연습 지도를 하는 때에는 운전 연습용 자동차에 '운전 연습 표지'를 붙여야 한다.

도로교통법 시행규칙 제55조　　연습 운전면허를 받은 사람의 준수사항

법 제80조 제2항 제3호에 따른 연습 운전면허를 받은 사람이 도로에서 주행 연습을 하는 때에는 다음 각호의 사항을 지켜야 한다.
① 운전면허(연습하고자 하는 자동차를 운전할 수 있는 운전면허에 한한다)를 받은 날로부터 2년이 경과된 사람(소지하고 있는 운전면허의 효력이 정지 기간 중인 사람을 제외한다)과 함께 승차하여 그 사람의 지도를 받아야 한다.
② 여객자동차 운수사업법 또는 화물자동차 운수사업법에 따른 사업용 자동차를 운전하는 등 주행 연습 외의 목적으로 운전하여서는 아니 된다.
③ 주행 연습 중이라는 사실을 다른 차의 운전자가 알 수 있도록 연습 중인 자동차에 별표 21의 표지를 붙여야 한다.

(8) 국제운전면허증
　(가) 정의
　　　외국의 권한 있는 기관에서 다음 각호의 어느 하나에 해당하는 협약, 협정 또는 약정에 따라 발급받은 운전면허증을 말한다.
　　　① 1949년 제네바에서 체결된 「도로교통에 관한 협약」
　　　② 1968년 비엔나에서 체결된 「도로교통에 관한 협약」
　　　③ 우리나라와 외국 간에 국제운전면허를 상호 인정하는 협약, 협정 또는 약정
　(나) 관계 법규

> **도로교통법 제96조**　국제운전면허증에 의한 자동차 등의 운전
>
> ① 외국의 권한 있는 기관에서 다음 각호의 어느 하나에 해당하는 협약, 협정 또는 약정에 따른 운전면허증(이하 "국제운전면허증"이라 한다)을 발급받은 사람은 제80조 제1항에도 불구하고 국내에 입국한 날부터 1년 동안만 그 국제운전면허증으로 자동차 등을 운전할 수 있다. 이경우 운전할 수 있는 자동차의 종류는 그 국제운전면허증에 기재된 것으로 한정한다. [개정 2017. 10. 24]
> 　1. 1949년 제네바에서 체결된 「도로교통에 관한 협약」
> 　2. 1968년 비엔나에서 체결된 「도로교통에 관한 협약」
> 　3. 우리나라와 외국 간에 국제운전면허를 상호 인정하는 협약, 협정 또는 약정
> ② 국제운전면허증을 외국에서 발급받은 사람은 「여객자동차 운수사업법」 또는 「화물자동차운수사업법」에 따른 사업용 자동차를 운전할 수 없다. 다만, 「여객자동차 운수사업법」에 따른 대여사업용 자동차를 임차(賃借)하여 운전하는 경우에는 그러하지 아니하다.
> ③ 제82조 제2항에 따른 운전면허 결격사유에 해당하는 사람으로서 같은 항 각호의 구분에 따른 기간이 지나지 아니한 사람은 제1항에도 불구하고 자동차 등을 운전하여서는 아니 된다.

　(다) 주요 용어 해설
　　　① '국내에 입국한 날'의 의미
　　　　　출입국관리법에 따라 적법한 입국심사 절차를 거쳐 입국한 날을 의미하며, 입국심사 절차를 거치지 아니하고 불법으로 입국하면 국제운전면허증을 소지하고 있는 경우라도 도로교통법 제96조 제1항이 예외적으로 허용하는 국제운전면허증에 의한 운전에 해당하지 않으므로 무면허 운전이다.
　　　② '외국의 권한 있는 기관'의 의미
　　　　　- 1949년 제네바에서 체결된 「도로교통에 관한 협약」
　　　　　- 1968년 비엔나에서 체결된 「도로교통에 관한 협약」
　　　　　- 우리나라와 국제운전면허를 상호 인정하는 협약, 협정 또는 약정을 맺은 외국

③ 면허 유효기간
- 제네바 협약국 발행 면허 : 발급일로부터 1년
- 비엔나 협약국 발행 면허 : 발급일로부터 3년

(9) 긴급자동차
(가) 긴급자동차 정의
'긴급자동차'란 다음의 자동차로서, 그 본래의 긴급한 용도로 사용되고 있는 자동차를 말한다. (도로교통법 제2조 제22항 참조)
① 소방차
② 구급차
③ 혈액 공급 차량
④ 그 밖에 대통령령으로 정하는 자동차 등

(나) 긴급자동차 운전 가능 면허
긴급자동차로 지정된 차량(소방자동차, 구급 자동차, 혈액 공급 차량 그 밖에 대통령령이 정하는 자동차)은 운행목적이나 사용 형태와 관계없이 상시 대형 1종 면허로 운전하여야 했으나, 2018년 4월 25일 도로교통법이 개정되어 승차정원 12인 이하의 긴급자동차(승용 및 승합자동차에 한함)는 제2종 보통면허로 운전할 수 있다.
승차정원 12인을 초과하는 긴급자동차와 일반화물, 특수화물자동차는 1종 대형면허로 운전하여야 한다. 다만 긴급자동차로 지정받은 차량이라고 하더라도 긴급업무 용도 외의 일반 업무 용도로 사용할 때는 그 차종에 해당하는 운전면허로도 운전할 수 있다. (경찰청 자료 참조)

(다) 긴급자동차의 특례
긴급자동차에 관하여는 특례조항으로서, 도로교통법의 다음 사항을 적용하지 않는다.
① 제17조에 따른 자동차 등의 속도 제한. 다만, 제 17조에 따라 긴급자동차에 대하여 속도를 제한하였을 때 같은 조의 규정을 적용한다.
② 제22조에 따른 앞지르기의 금지
③ 제23조에 따른 끼어들기의 금지

(라) 관계 법규

도로교통법시행령 제2조   긴급자동차의 정의

① 대통령령으로 정한 자동차 중 긴급한 용도로 사용되는 다음의 자동차를 말한다. 다만, 제6호 내지 제11호까지의 자동차는 이를 사용하는 사람 또는 기관 등의 신청에 따라 지방경찰청장이 지정하는 경우로 한정한다.
  1. 경찰용 자동차 중 범죄 수사, 교통단속, 그 밖에의 긴급한 경찰업무수행에 사용되는 자동차
  2. 국군 및 주한 국제연합군용 자동차 중 군 내부의 질서유지나 부대의 질서 있는 이동을 유도하는 데 사용되는 자동차
  3. 수사기관의 자동차 중 범죄 수사를 위하여 사용되는 자동차
  4. 다음 각목의 어느 하나에 해당하는 시설 또는 기관의 자동차 중 도주자의 체포 또는 수용자, 보호 관찰대상자의 호송·경비를 위하여 사용되는 자동차
    가. 교도소, 소년교도소 또는 구치소
    나. 소년원 또는 소년분류심사원
    다. 보호관찰소
  5. 국내외 요인에 대한 경호업무 수행에 공무로 사용되는 자동차
  6. 전기사업, 가스사업, 그 밖의 공익사업을 하는 기관에서 위험방지를 위한 응급작업에 사용되는 자동차
  7. 민방위 업무를 수행하는 기관에서 긴급예방 또는 복구를 위한 출동에 사용되는 자동차
  8. 도로관리를 위하여 사용되는 자동차 중 도로상의 위험을 방지하기 위한 응급작업에 사용되는 자동차
  9. 전신·전화의 수리 공사 등 응급작업에 사용되는 자동차
  10. 긴급한 우편물의 운송에 사용되는 자동차
  11. 전파감시업무에 사용되는 자동차
② 제1항 각호에 따른 자동차 외에 다음 각호의 어느 하나에 해당하는 자동차를 긴급자동차로 본다.
  1. 제1항 제1호에 따른 경찰용 긴급자동차에 의하여 유도되고 있는 자동차
  2. 제2항 제2호에 따른 국군 및 주한 국제연합군의 긴급자동차에 의하여 유도되고 있는 국군 및 주한 국제연합군의 자동차
③ 생명이 위급한 환자 또는 부상자나 수혈을 위한 혈액을 운송 중인 자동차
(시행일 2013. 12. 29.)

도로교통법 제29조 긴급자동차의 우선 통행

① 긴급자동차는 제13조 제3항의 규정에도 불구하고 긴급하고 부득이한 경우에는 도로의 중앙이나 좌측 부분을 통행할 수 있다.
② 긴급자동차는 이 법이나 이 법에 따른 명령에 따라 정지하여야 하는 경우에도 불구하고 긴급하고 부득이한 경우에는 정지하지 아니할 수 있다.
③ 긴급자동차의 운전자는 제1항 또는 제2항의 경우에 교통안전에 특히 주의하면서 통행하여야 한다.
④ 모든 차의 운전자는 교차로 또는 그 부근에서 긴급자동차가 접근하는 경우에는 교차로를 피하여 도로의 우측 가장자리에 일시 정지하여야 한다. 다만, 일방통행으로 된 도로에서 우측 가장자리로 피하여 정지하는 것이 긴급자동차의 통행에 지장을 주는 경우에는 좌측 가장자리로 피하여 정지할 수 있다.
⑤ 모든 차의 운전자는 제4항에 따른 곳 외의 곳에서 긴급자동차가 접근한 경우에는 도로의 우측 가장자리로 피하여 진로를 양보하여야 한다. 다만, 일방통행으로 된 도로에서 우측 가장자리로 피하는 것이 긴급자동차의 통행에 지장을 주는 경우에는 좌측 가장자리로 피하여 양보할 수 있다.
⑥ 제2조 제22호 각 목의 자동차 운전자는 해당 자동차를 그 본래의 긴급한 용도로 운행하지 아니하는 경우에는 「자동차관리법」에 따라 설치된 경광등을 켜거나 사이렌을 작동하여서는 아니 된다. 다만, 대통령령으로 정하는 바에 따라 범죄 및 화재 예방 등을 위한 순찰 훈련 등을 실시하는 경우에는 그러하지 아니하다.
(시행일 2016. 07. 28.)

도로교통법 제30조 긴급자동차의 특례

긴급자동차에 대하여는 다음 각호의 사항을 적용하지 아니한다.
1. 제17조에 따른 자동차 등의 속도 제한. 다만, 제 17조에 따라 긴급자동차에 대하여 속도를 제한한 경우에는 같은 조의 규정을 적용한다.
2. 제22조에 따른 앞지르기의 금지
3. 제23조에 따른 끼어들기의 금지

(10) 기타

국토교통부령으로 정하는 건설기계를 조종하려는 사람은 「도로교통법」 제80조에 따른 운전면허로 운전하여야 한다.

(가) 1종 대형면허로 운전 가능한 건설기계
① 덤프트럭
② 아스팔트살포기
③ 노상 안정기
④ 콘크리트 믹서 트럭
⑤ 콘크리트 펌프
⑥ 천공기(트럭 적재식)
⑦ 콘크리트 믹서 트레일러
⑧ 아스팔트콘크리트 재생기
⑨ 도로보수 트럭
⑩ 3t 이상의 지게차
- 기타 건설기계는 건설기계 조종사면허로 운전해야 한다.

(나) 관계 법규

| 건설기계관리법 제43조 | 무면허 운전 등의 금지 |

① 건설기계를 조종하려는 사람은 시장·군수 또는 구청장에게 건설기계 조종사면허를 받아야 한다. 다만, 국토교통부령으로 정하는 건설기계를 조종하려는 사람은 「도로교통법」 제80조에 따른 운전면허를 받아야 한다.
② 제1항 본문에 따른 건설기계 조종사면허는 국토교통부령으로 정하는 바에 따라 건설기계의 종류별로 받아야 한다.

아. 주취·약물 복용 운전 중 사고
(1) 운전의 개념

'운전'이란 도로에서 차를 그 본래의 사용 방법에 따라 사용하는 것을 말한다.

| 도로교통법 제2조 | 정의 |

26. "운전"이란 도로(제44조·제45조·제54조 제1항·제148조·제148조의2 및 제156조 제10호의 경우에는 도로 외의 곳을 포함한다)에서 차마를 그 본래의 사용 방법에 따라 사용하는 것(조종을 포함한다)을 말한다.

(2) 음주운전의 정의

도로교통법 제44조(술에 취한 상태에서의 운전 금지)에서 규정한 주취 한계치(혈중알코올농도 0.03%) 이상의 술을 마신 상태에서 운전하는 것을 의미하며, 여기에서 운전이란 도로나 도로 외의 장소에서 자동차를 그 본래의 사용 방법에 따라 사용하는 것을 말한다.

(3) 관계 법규

도로교통법 제44조   술에 취한 상태에서의 운전 금지

① 누구든지 술에 취한 상태에서 자동차 등(「건설기계관리법」 제26조 제1항 단서에 따른 건설기계 외의 건설기계를 포함한다. 이하 이 조, 제45조, 제47조, 제93조 제1항 제1호부터 제4호까지 및 제148조의 2에서 같다)을 운전하여서는 아니 된다.
② 경찰공무원은 교통의 안전과 위험방지를 위하여 필요하다고 인정하거나 제1항을 위반하여 술에 취한 상태에서 자동차 등을 운전하였다고 인정할 만한 상당한 이유가 있는 경우에는 운전자가 술에 취하였는지를 호흡 조사로 측정할 수 있다. 이경우 운전자는 경찰공무원의 측정에 응하여야 한다. (시행일 2015. 07. 01.)
③ 제2항에 따른 측정 결과에 불복하는 운전자에 대하여는 그 운전자의 동의를 받아 혈액 채취 등의 방법으로 다시 측정할 수 있다.
④ 제1항에 따라 운전이 금지되는 술에 취한 상태의 기준은 운전자의 혈중알코올농도가 0.03% 이상인 경우로 한다. (시행일 2019. 06. 25.)

도로교통법 제45조   과로한 때 등의 운전 금지

자동차 또는 노면전차의 운전자는 제44조에 따른 술에 취한 상태 외에 과로, 질병 또는 약물(마약, 대마 및 향정신성의약품과 그 밖에 안전행정부령으로 정하는 것을 말한다. 이하 같다)의 영향과 그 밖의 사유로 정상적으로 운전하지 못할 우려가 있는 상태에서 자동차 등을 운전하여서는 아니 된다. (시행일 2019. 03. 28.)

도로교통법 시행규칙 제28조   운전이 금지되는 약물의 종류

법 제45조에 따라 자동차 등의 운전자가 그 영향으로 인하여 운전이 금지되는 약물은 흥분·환각 또는 마취의 작용을 일으키는 유해화학물질로써 「화학물질관리법 시행령」 제11조에 따른 환각물질로 한다. (시행일 2019. 03. 28.)

유해화학물질 관리법 시행령 제11조   환각물질

법 제22조 제1항에서 "대통령령으로 정하는 물질"이란 다음 각호의 어느 하나에 해당하는 물질을 말한다.
1. 톨루엔, 초산에틸 또는 메틸알코올
2. 제1호의 물질이 들어 있는 시너(도료의 점도를 감소시키기 위하여 사용되는 유기용제를 말한다), 접착제, 풍선류 또는 도료
3. 부탄가스

자. 보도 침범·통행 방법위반 사고
　(1) 보도 침범사고의 개념
　　　보도 침범 사고란 도로교통법 제13조 제1항의 규정을 위반하여 보도가 설치된 도로의 보도를 침범하거나 같은 법 제13조 제2항에 따른 보도 횡단 방법을 위반하여 운전한 경우로서, 여기에서 보도란 연석선, 안전 표지, 그 밖의 이와 비슷한 공작물 등으로 그 경계를 표시하여 보행자의 통행에 사용하게 된 도로의 부분을 말한다.

예
차량견인 중 피견인 차량이 분리되어 인도로 돌진, 보행자를 충격한 사고는 보도 침범사고에 해당하지 않는다.

　(2) 관계 법규

교통사고처리 특례법 제3조 제9호   처벌의 특례, 보도 침범·통행 방법위반사고

도로교통법 제13조 제1항의 규정에 위반하여 보도가 설치된 도로의 보도를 침범하거나 동법 제13조 제2항의 규정에 의한 보도 통행 방법에 위반하여 운전한 경우

도로교통법 제13조 제1·2항   차마의 통행

1. 차마의 운전자는 보도와 차도가 구분된 도로에서는 차도를 통행하여야 한다.
　다만, 도로 외의 곳으로 출입할 때는 보도를 횡단하여 통행할 수 있다.
2. 제1항 단서의 경우 차마의 운전자는 보도를 횡단하기 직전에 일시 정지하여 좌측과 우측 부분 등을 살핀 후 보행자의 통행을 방해하지 아니하도록 횡단하여야 한다.

(3) 보도 침범·통행 방법위반 사고의 성립요건
   (가) 장소적 요건
      보·차도가 구분된 도로의 보도 내에서 사고(보·차도 구분 없는 도로는 제외)가 발생하여야 한다.
   (나) 피해자적 요건
      보도를 보행 중인 피해자가 치상 사고를 당해야 한다.
   (다) 운전자 과실
      고의적, 의도적, 현저한 부주의가 있으면 해당한다. (불가항력, 만부득이한 과실은 제외)
   (라) 시설물
      보도 설치 권한이 있는 행정관서에서 설치하여 관리 중인 보도를 침범하여야 한다. (학교·아파트 등 특정 구역 내부의 소통과 안전을 목적으로 설치된 보도의 경우는 제외)

차. 승객추락 방지의무 위반 사고
 (1) 개념
   운전자의 승객추락 방지의무 위반과 승객추락으로 인한 상해 발생 간에 인과관계가 성립되는 것을 말한다.
 (2) 관계 법규

교통사고처리 특례법 제3조 제2항 제10호	처벌의 특례, 승객추락 방지의무 위반

도로교통법 제39조 제2항의 규정에 의한 승객의 추락 방지의무를 위반하여 운전한 경우

도로교통법 제39조 제3항	승차 또는 적재의 방법과 제한

모든 차의 운전자는 운전 중 타고 있는 사람 또는 타고 내리는 사람이 떨어지지 아니하도록 하기 위하여 문을 정확히 여닫는 등 필요한 조치를 하여야 한다.
(시행일 2015. 07. 01.)

  (3) 승객추락 방지의무 위반 사고의 성립요건
   (가) 자동차 요건
      승합, 승용, 화물, 건설기기 등 자동차에만 적용(이륜, 자전거 등은 제외)

(나) 피해자 요건
  탑승 승객이 승하차 중 개문 된 상태로 발차하여 승객이 추락 피해를 본 경우 (적재했던 화물의 추락사고는 제외)
(다) 운전자 과실
  차의 문이 열려 있는 상태로 발차한 행위(차량 정차 중 사고는 제외)

카. 어린이 보호구역 내 사고
 (1) 개념
  교통사고의 위험으로부터 어린이를 보호하기 위하여 특정시설의 주변 도로 가운데 일정 구간을 어린이 보호구역으로 지정하여 차의 통행을 제한하거나 금지하는 등의 조치를 하는 것으로서, 어린이 보호구역에서 도로교통법 제12조 제1항(어린이 보호구역의 지정 및 관리)에 따른 조치를 준수하고, 어린이의 안전에 유의하면서 운전하여야 할 의무를 위반하여 어린이의 신체를 상해에 이르게 한 경우를 말한다.
 (2) 관계 법규

교통사고처리 특례법 제3조 제2항 제11호	처벌의 특례, 어린이 보호구역 내 안전 운전 의무

도로교통법 제12조 제3항에 따른 어린이 보호구역에서 같은 조 제1항에 따른 조치를 준수하고 어린이의 안전에 유의하면서 운전하여야 할 의무를 위반하여 어린이의 신체를 상해에 이르게 한 경우

타. 화물 적재 방법위반 사고
 (1) 개념
  운전 중 실은 화물이 떨어지지 않도록 덮개를 씌우거나 묶는 등 확실하게 고정될 수 있도록 필요한 조치를 하지 않은 사실과 교통사고 발생 간에 인과관계가 성립되는 것을 말한다.
 (2) 관계 법규

도로교통법 제39조 제4항	승차 또는 적재의 방법과 제한

모든 차의 운전자는 운전 중 실은 화물이 떨어지지 아니하도록 덮개를 씌우거나 묶는 등 확실하게 고정될 수 있도록 필요한 조치를 하여야 한다. [시행일 2015. 07. 01.]

4. 사망·도주(뺑소니) 사고

가. 사망사고

(1) 사망의 개념

사망은 맥박이 멈춰있는 경우를 말하며, 교통사고에서는 행정적으로 사고에 기인하여 72시간 이내 사망한 경우를 말한다. [도로교통법 시행규칙 제91조(운전면허의 취소·정지 처분 기준 등), 별표 28 참조]

(2) 관계 법규

| 형법 제268조 | 업무상 과실, 중과실 |

업무상 과실 또는 중과실로 인하여 사람을 사상에 이르게 한 자는 5년 이하의 금고 또는 2,000만 원 이하의 벌금에 처한다.

나. 도주(뺑소니)·미신고사고

(1) 도주(뺑소니)의 성립요건

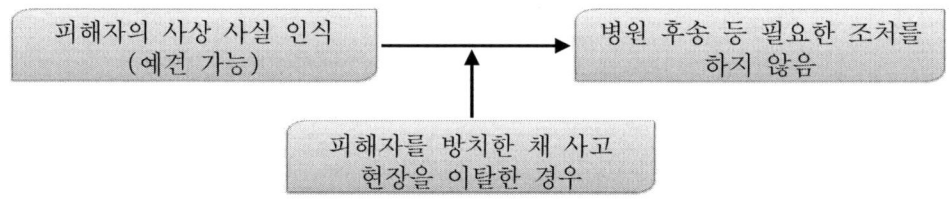

[그림 1-7] 도주 사고 성립요건

(2) 관계 법규

| 도로교통법 제54조 | 사고 발생 시의 조치 |

① 차의 운전 등 교통으로 인하여 사람을 사상하거나 물건을 손괴(이하 "교통사고"라 한다)한 경우에는 그 차의 운전자나 그 밖의 승무원(이하 "운전자 등"이라 한다)은 즉시 정차하여 다음 각호의 조치를 하여야 한다.
  1. 사상자를 구호하는 등 필요한 조치
  2. 피해자에게 인적 사항(성명·전화번호·주소 등을 말한다. 이하 제148조 및 제156조 제10호에서 같다) 제공
② 제1항의 경우 그 차의 운전자 등은 경찰공무원이 현장에 있을 때에는 그 경찰공무원에게, 경찰공무원이 현장에 없을 때는 가장 가까운 국가경찰관서(지구대, 파출소 및 출장소를 포함한다. 이하 같다)에 다음 각호의 사항을 지체 없이 신고하여야 한다. 다만, 차만 손괴된 것이 분명하고 도로에서의 위험 방지와 원활한 소통을 위하여 필요한 조치를 한 경우에는 그러하지 아니하다. (시행일 2017.6.3.)
  1. 사고가 일어난 곳
  2. 사상자 수 및 부상 정도
  3. 손괴한 물건 및 손괴 정도
  4. 그 밖의 조치사항 등
③ 제2항에 따라 신고를 받은 국가경찰관서의 경찰공무원은 부상자의 구호와 그 밖의 교통 위험 방지를 위하여 필요하다고 인정하면 경찰공무원(자치경찰 공무원은 제외한다)이 현장에 도착할 때까지 신고한 운전자 등에게 현장에서 대기할 것을 명할 수 있다.
④ 경찰공무원은 교통사고를 낸 차의 운전자 등에 대하여 그 현장에서 부상자의 구호와 교통 안전을 위하여 필요한 지시를 명할 수 있다.
⑤ 긴급자동차, 부상자를 운반 중인 차 및 우편물 자동차 등의 운전자는 긴급한 경우에는 동승자로 하여금 제1항에 따른 조치나 제2항에 따른 신고를 하도록 하고 운전을 계속할 수 있다.
⑥ 경찰공무원(자치경찰 공무원은 제외한다)은 교통사고가 발생한 경우에는 대통령령으로 정하는 바에 따라 필요한 조사를 하여야 한다. (시행일 2011. 12. 09.)

제148조(벌칙)
제54조 제1항에 따른 교통사고 발생 시의 조치를 하지 아니한 사람(주·정차된 차만 손괴한 것이 분명한 경우에 제54조 제1항·제2호에 따라 피해자에게 인적 사항을 제공하지 아니한 사람은 제외한다)은 5년 이하의 징역이나 1천500만 원 이하의 벌금에 처한다.
(시행일 2017. 06. 03.)

제156조 (벌칙)
다음 각호의 어느 하나에 해당하는 사람은 20만 원 이하의 벌금이나 구류 또는 과료에 처한다.
(시행일 2017. 06. 03.)
10. 주·정차된 차만 손괴한 것이 분명한 경우에 제54조 제1항 제2호에 따라 피해자에게 인적 사항을 제공하지 아니한 사람

(3) 사고처리 절차

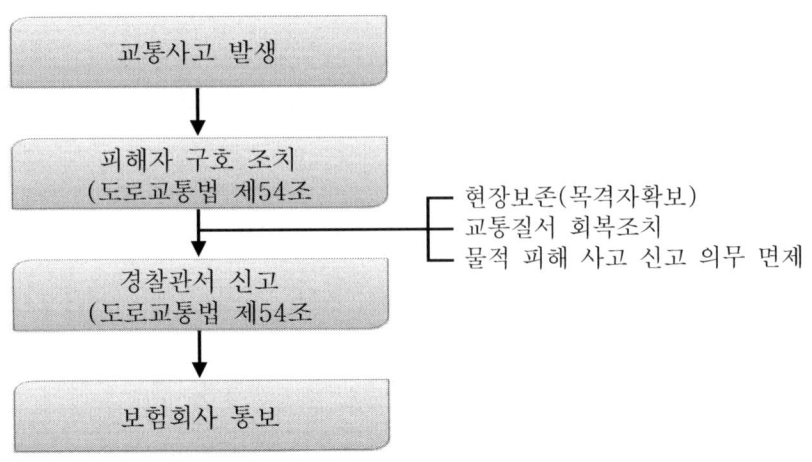

(4) 신고 불이행(미신고·지연 신고) 사고

피해자의 구호 및 교통질서의 회복을 위한 경찰관의 조직적인 조치가 필요한 상황일 경우 신고 의무 발생(도로교통법 제54조 제2항, 교통사고 신고 의무)

> 제4절　♤ 자동차손해배상 보장법상 불법행위

1. 자동차손해배상 보장법의 제정 목적

　자동차 사고로 인한 손해배상제도에 관한 특별법인 자배법은 자동차 운행이란 사회적 위험성이 큰 요소로 인하여 발생하는 인적 손해의 배상책임을 그 운행자에게 쉽게 귀속시킴으로써 피해자를 보호하고, 자동차 측의 배상 능력을 확보(책임보험·공제·보장사업 제도화)함으로써 자동차운송의 건전한 발전을 도모하기 위한 것이다.

　가. 구조
　　(1) 총칙(자동차손해배상 보장법 제1조~제4조)
　　　　목적, 용어의 정리, 자동차손해배상책임, 민법의 적용
　　(2) 손해배상을 위한 보험 가입 등(제5조~제14조)
　　　　보험 가입 의무자, 미가입자에 대한 조치, 운행의 금지, 보험 가입증명서, 발급 청구, 보험금 등의 청구, 피해자에 대한 우선 지급금, 자동차보험 진료비의 청구 및 지급, 진료기록의 열람 등

자동차손해배상 보장법 제5조　보험 등의 가입 의무

① 자동차보유자는 자동차의 운행으로 다른 사람이 사망하거나 부상한 경우에 피해자(피해자가 사망한 경우에는 손해배상을 받을 권리를 가진 자를 말한다. 이하 같다)에게 대통령령으로 정하는 금액을 지급할 책임을 지는 책임보험이나 책임공제(이하 "책임보험 등"이라 한다)에 가입하여야 한다.
② 자동차보유자는 책임보험 등에 가입하는 것 외에 자동차의 운행으로 다른 사람의 재물이 멸실되거나 훼손된 경우에 피해자에게 대통령령으로 정하는 금액을 지급할 책임을 지는 「보험업법」에 따른 보험이나 「여객자동차 운수사업법」, 「화물자동차 운수사업법」 및 「건설기계관리법」에 따른 공제에 가입하여야 한다.
③ 다음 각호의 어느 하나에 해당하는 자는 책임보험 등에 가입하는 것 외에 자동차 운행으로 인하여 다른 사람이 사망하거나 부상한 경우에 피해자에게 책임보험 등의 배상책임한도를 초과하여 대통령령으로 정하는 금액을 지급할 책임을 지는 「보험업법」에 따른 보험이나 「여객자동차 운수사업법」, 「화물자동차 운수사업법」 및 「건설기계관리법」에 따른 공제에 가입하여야 한다.

1. 「여객자동차 운수사업법」 제4조 제1항에 따라 면허를 받거나 등록한 여객자동차 운송사업자
2. 「여객자동차 운수사업법」 제28조 제1항에 따라 등록한 자동차 대여사업자
3. 「화물자동차 운수사업법」 제3조 및 제29조에 따라 허가를 받은 화물자동차 운송사업자 및 화물자동차 운송가맹사업자
4. 「건설기계관리법」 제21조 제1항에 따라 등록한 건설기계대여업자

④ 제1항 및 제2항은 대통령령으로 정하는 자동차와 도로(「도로교통법」 제2조 제1호에 따른 도로를 말한다. 이하 같다)가 아닌 장소에서만 운행하는 자동차에 대하여는 적용하지 아니한다.

⑤ 제1항의 책임보험 등과 제2항 및 제3항의 보험 또는 공제에는 자동차별로 가입하여야 한다.

(3) 자동차보험 진료수가 기준 및 분쟁조정(제15조~제23조)
   자동차보험 진료수가, 진료수가분쟁심의회, 진료수가의 심사청구, 심사·결정 절차, 심사 결정의 효력, 심의회의 권한, 위법 사실의 통보, 심의회 운영에 대한 점검
(4) 책임보험 등 사업(제24조~제29조)
   책임보험 등 계약의 체결 의무, 보험계약의 해제, 강제보험 등 계약의 승계, 책임보험 등 사업의 구분경리, 사전 협의, 보험금 등의 지급 등
(5) 자동차 사고 피해지원사업(제30조~제39조)
   보장사업의 규정, 다른 법률에 따른 배상 등과의 조정, 보장사업 분담금, 청구권의 대위 등
(6) 자동차 손해배상 진흥원(제39조의3~제39조의 10)(시행일 2015. 12. 23.)
   자동차 손해배상 진흥원의 설립, 업무 등
(7) 자동차 사고 피해지원기금(제39조의 11~제39조의 13)
(8) 보칙(제40조~제45조)
   압류 등의 금지, 시효, 미가입자에 대한 등록증 처분의 금지, 검사·질문, 권한의 위임, 권한의 위탁 등
(9) 벌칙(제46조~제49조)
   벌칙, 양벌규정, 과태료
(10) 범칙행위에 관한 처리의 특례(제50조~53조)(시행일 2015. 12. 23.)
   통칙, 통고처분, 범칙금의 납부, 통고처분의 효과 등

2. 자동차손해배상책임의 주체

| 자동차손해배상 보장법 제3조 | 자동차손해배상책임 |

자기를 위하여 자동차를 운행하는 자는 그 운행으로 다른 사람을 사망하게 하거나 부상하게 한 경우에는 그 손해를 배상할 책임을 진다. 다만, 다음 각호의 어느 하나에 해당하면 그러하지 아니하다.
1. 승객이 아닌 자가 사망하거나 부상한 경우에 자기와 운전자가 자동차의 운행에 주의를 게을리하지 아니하였고, 피해자 또는 자기 및 운전자 외의 제3자에게 고의 또는 과실이 있으며, 자동차의 구조상의 결함이나 기능상의 장해가 없었다는 것을 증명한 경우
2. 승객이 고의나 자살행위로 사망하거나 부상한 경우

가. 배상책임의 주체(운행자)
　(1) 운행자의 개념
　　자기를 위하여 자동차를 운행하는 자, 즉 사회 통념상 당해 자동차에 대한 운행을 지배하여 그 이익을 누리는 책임 주체의 지위에 있다고 할 수 있는 자를 말한다.
　(2) 구별해야 할 개념
　　(가) 보유자
　　　자동차의 소유자 또는 자동차를 사용할 권리가 있는 자로서 자기를 위하여 자동차를 운행하는 자를 말한다. (운행자는 보유자와 같은 정당한 권리를 갖고 있지 않은 무단운전자, 절취운전자도 자기를 위하여 자동차를 운행하는 자에 결국 보유자보다 범위가 넓은 개념임)
　　(나) 운전자
　　　타인을 위하여(즉, 자동차 사용에서의 지배권과 그로 인한 이익이 타인에게 귀속되는 것을 의미) 자동차의 운전 또는 운전의 보조에 종사하는 자를 말한다.
　(3) 보유자 책임의 구체적 검토
　　(가) 절취 운전
　　　차량 보유자와 아무런 인적 관계가 없는 제삼자가 보유자의 의사에 반하여 운전하는 것을 말한다.
　　　- 절취 운전의 경우 자동차 보유의 운행자 성 인정기준 원칙적으로 자동차를 절취당하였을 때 특별한 사정이 없으면 운행지배와 운행이익을 잃어버렸다고 보아야 한다.

(나) 무단운전

보유자와 친인척, 고용관계 등 일정한 인적 관계에 있는 자가 보유자의 의사에 반하여 운전하는 것을 말한다. 차량 보유자는 무단운행 당시 운행자의 지위 즉, 운행지배와 운행이익을 상실하였다는 특별한 사정을 주장, 증명하지 못하는 한 운행자 책임을 부담하게 된다.

(다) 명의대여

일반적으로 차량을 등록할 때 단순히 명의를 빌려준 것에 불과한 자는 실질적인 소유권 또는 사용권을 갖지 않으므로 운행자 책임을 부담하지 않는다. 명의 대여자에게 운행자 책임을 지우기 위해서는 지휘·감독 관계 혹은 사업 협동 관계 등 실질관계를 따져 사회 통념상 명의대여 자가 차량에 대하여 운행지배 또는 운행이익을 가지고 있음이 인정되어야 한다. (통상 아무런 이익 없이 단순히 차량의 명의만을 대여하는 경우가 드물다는 점에서 일단 대여된 명의는 이러한 실질관계의 존재를 추인하는 하나의 징표가 될 수 있다)

(라) 명의 잔존

매매 또는 증여 등에 의하여 자동차의 실질적인 소유권을 넘겼음에도 불구하고 등록명의 이전 절차가 종료되지 않음으로써 등록 원부에 매도인의 소유로 남아 있는 경우를 말한다. 법원에서는 매매대금의 완납 여부와 매도인과 매수인 사이의 실질관계를 고려하여 운행자 책임을 인정하고 있다.

(마) 자동차 취급업자(세차업자, 정비업자, 보관업자, 자동차매매업자 등)

자동차정비업자, 대리운전업자, 세차업자, 급유업자, 주차장업자 등도 각기 계약에 따라 제한된 범위 내에서 위탁받은 자동차를 사용할 수 있으므로 보유자로 보는 것이 타당하다.

문제는 차량 소유자(의뢰자)에게 운행자성이 있느냐의 문제인데 의뢰자는 위탁한 때로부터 특별한 사정이 없으면 그 자동차에 대한 운행지배를 잃고 취급업자에게 운행지배가 넘어가므로 취급업자만이 운행자 책임을 부담한다. (다만, 차량이 인도된 경우에도 의뢰자 측이 차량의 운행상황에 대하여 지도할 수 있는「특별한 사정」이 있는 경우 의뢰자에게도 운행자 책임이 인정된다)

나. 운행

(1) 운행의 정의

사람 또는 물건의 운송 여부와 관계없이 자동차를 그 용법에 따라 사용하는 것을 말한다.

(2) 운행의 개념에 관한 학설
    ① 원동기 설
        당해 장치를 원동기 장치로 보아 운행이란 원동기에 의하여 육상을 이동하는 것으로 해석
    ② 주행 장치설
        원동기 장치에 중점을 두지만, 원동기 장치 이외의 조향장치 및 제동장치, 주행 장치 등도 포함한 각종 장치의 조정에 의하여 육상을 이동하는 것으로 해석
    ③ 고유 장치설(통설, 판례)
        자동차의 구조상 설치되어 있는 각 장치를 당해 장치로 해석하고 이러한 장치를 사용하던 중 사고는 운행 중 사고로 해석
    ④ 차고 출입설
        자동차가 차고를 출발하여 다시 차고에 들어갈 때까지의 일련의 운전행위, 즉 그것이 운행 중의 한 태양으로 보이는 한 운행으로 해석
(3) 운행기인성(인과관계)
    '운행'과 '타인의 생명 또는 신체의 사상' 사이에 상당인과관계가 있어야 한다.
    ① 운행으로 볼 수 있는 유형
        ㉮ 주행의 전후 단계로서 주정차상태에서 문을 여닫는 등 각종 부수적인 장치를 사용하는 행위(대법원 1994. 05. 23. 선고 93다59595)
        ㉯ 주차한 화물차의 적재함에 목재를 적재하는 행위(대법원 1993. 04. 27. 선고 92다 8101)
        ㉰ 밧줄에 의해 타 자동차로 견인되어 주행하고 있는 경우
    ② 운행으로 볼 수 없는 경우
        자동차를 도로에서 끌어내 길옆 잔디밭에 주차하고 잠을 자다가 자동차가 미끄러져 내려가 물에 빠져 익사한 사고는 운행 중 사고가 아니다.
        (대법원 1994. 04. 29. 선고 93다55180)
(4) 비접촉사고
    피해자와 자동차 간에 직접 접촉 없이 피해자가 사상된 경우에는 원칙적으로 사고와 사상과의 사이에 인과관계가 없으나, 단지 접촉사고에 못지않게 자동차 운전자가 통상 요구되는 주의의무를 다하지 못해 운전자에게 과실이 있는 경우에만 상당인과관계가 있다고 본다.

3. 손해배상책임의 주체

가. 개념

자배법에서 「타인」이란 보유자와 운전자(운전보조자 포함)를 제외한 자로서, 보유자에 대하여 손해배상을 청구할 수 있는 사람을 말한다.

나. 유형

(1) 공동 운행자

　(가) 의의

　　① 자동차가 여러 사람에 의해 운행되고 있는 경우 그들을 공동 운행자라 한다.

　　② 「타인」 중에 운행자가 포함되지 않는다는 일반적 정의에 따른다면 공동 운행자의 1인이 피해자가 된 경우 그는 「타인」으로부터 제외된다. 그러나 공동 운행자라고 하더라도 그 운행목적, 운행경비, 이익의 분담 관계 등의 차이에 따라 여러형태가 있고, 공동 운행자 중 1인이 피해를 본 경우 타 공동 운행자에 대하여는 타인으로서 보호받을 여지가 있다.

　(나) 공동 운행자의 「타인성」 인정기준

　　① 직접적, 현재적, 구체적일 때 : 타인성 배제

　　② 간접적, 추상적일 때 : 타인성 인정

　　③ 판단 요소 : 운행, 목적, 운행경비, 이익 분담 관계

(2) 운전자 또는 운전보조자

　(가) 타인(운행자, 보유자)을 위함과 동시에 자기도 위하였을 때 : 타인성 배제

　(나) 현실적으로 운전하지 않는 경우

　　① 원칙 : 타인성 인정

　　② 예외(타인성 배제) : 법령상, 직무상 임무에 위반하여 타인에게 운전을 위탁한 경우

4. 면책요건(자배법 제3조 단서 조항)

증명책임의 전환 : 피해자 → 가해자

가. 피해자가 승객 이외의 자일 때 : 운행자는

(1) 자기나 운전자가 자동차의 운행에 관하여 주의를 게을리하지 않았을 것

(2) 피해자 또는 자기나 운전자 이외의 제삼자에게 고의 또는 과실이 있을 것
(3) 자동차 구조상의 결함 또는 기능에 장애가 없었다는 것을 증명할 것

나. 피해자가 승객인 경우

승객의 고의 또는 자살행위를 입증하여야 한다.

5. 자배법의 효과

가. 운행자 책임주의 확립(자배법 제3조)

면책요건을 모두 입증하지 못하는 한 운행자의 배상책임 발생(조건부 무과실 책임주의)

나. 손해배상의 범위

손해배상의 범위, 방법, 과실상계, 배상액의 경감 등은 민법을 적용한다.

자동차손해배상 보장법 제29조 보험금 등의 지급 등

① 다음 각호의 어느 하나에 해당하는 사유로 다른 사람이 사망 또는 부상하거나 다른 사람의 재물이 멸실되거나 훼손되어 보험회사 등이 피해자에게 보험금 등을 지급한 경우에는 보험회사 등은 법률상 손해배상책임이 있는 자에게 국토교통부령으로 정하는 금액을 구상할 수 있다. [시행일 2018. 05. 29.]
  1. 「도로교통법」에 따른 운전면허 또는 「건설기계관리법」에 따른 건설기계 조종사 면허 등 자동차를 운행할 수 있는 자격을 갖추지 아니한 상태(자격의 효력이 정지된 경우를 포함한다)에서 자동차를 운행하다가 일으킨 사고
  2. 「도로교통법」 제44조 제1항을 위반하여 술에 취한 상태에서 자동차를 운행하다가 일으킨 사고
  3. 「도로교통법」 제54조 제1항에 따른 조치를 하지 아니한 사고(「도로교통법」 제156조 제10호에 해당하는 경우는 제외한다)
② 제5조 제1항에 따른 책임보험 등의 보험금 등을 변경하는 것을 내용으로 하는 대통령령을 개정할 때 그 변경내용이 보험가입자들에게 유리하게 되는 경우에는 그 변경 전에 체결된 계약 내용에도 불구하고 보험회사 등에 변경된 보험금 등을 지급하도록 하는 다음 각 호의 사항을 규정할 수 있다.
  1. 종전의 계약을 새로운 계약으로 갱신하지 아니하더라도 이미 계약된 종전의 보험금 등을 변경된 보험금 등으로 볼 수 있도록 하는 사항
  2. 그 밖에 보험금 등의 변경에 필요한 사항이나 변경된 보험금 등의 지급에 필요한 사항

| 도로교통법 제156조 | 벌칙 |

다음 각호의 어느 하나에 해당하는 사람은 20만 원 이하의 벌금이나 구류 또는 과료에 처한다. [시행일 2020. 12. 10.]
10. 주·정차된 차만 손괴한 것이 분명한 경우에 제54조 제1항 제2호에 따라 피해자에게 인적 사항을 제공하지 아니한 사람

※ 용어 및 기능 설명

① AFS(air flow sensor) : 에어 플로어 센서
② ADS(active damper suspension) : 능동제어 현가장치
③ ABS(anti lock brake system)
④ ABD(automatic brake differential) : 자동 차동 브레이크장치
⑤ ASR(acceleration slip regulator) : 미끄럼방지장치
⑥ ACC(automatic climate control) : 자동온도조절장치
⑦ ALC(automatic level control) : 자동 수준조절 장치
⑧ AQS(air quality sensor) : 흡입 공기 청정센서
⑨ BAPS(barometric absolute pressure sensor) : 대기 절대압력 센서
⑩ CDP(compact disk player)
⑪ CPS(crankshaft position sensor) : 크랭크샤프트 위치 센서
⑫ CVDC(continuous variable damping control) : 무단 전자제어 서스펜션
⑬ CV(constant velocity joint) : 등속조인트
⑭ CAN-BUS(controller area network bus) : 다중통합 전자제어장치
⑮ CCCS(central comfort control system) : 중앙집중식 편의 기능 종합제어 장치
⑯ DOHC(double overhead cam shaft)
⑰ DIS(direct ignition system), DLI(distributorless ignition system): 직접점화 방식
⑱ DICS(door integrated control system) : 개폐 및 운행 안전 기능 제어장치
⑲ ECS(electronic control suspension) : 전자제어 현가장치
⑳ ECS(electronic chassis control system)
㉑ EHCU(electro hydro control unit)
㉒ ESIMS(electronic steering & inside mirror control system)
  : 조향 및 실내 미러 조정장치
㉓ ECM(electronic chrome mirror) : 전자식 크롬 조광 미러
㉔ ECU(electronic control unit) : 전자제어장치
㉕ ELR(emergency locking retractor) : 시트벨트 비상 잠금장치
㉖ WOT(wide open throttle) : 스로틀개도 완전 열림
㉗ EGR(exhaust gas recirculation) : 배기가스재순환장치
㉘ EFI(electronic fuel injection) ; 전자제어 연료분사장치
㉙ EST(electronic spark timing) : 전자 점화시기

㉚ ETC(electronic temperature control) : 전자 온도조절
㉛ EPS(electronic power steering) : 속도 감응형 조향장치
㉜ EEM(electronic engine mounting) : 전자제어 엔진 마운팅
㉝ ECM(electronic control module) : 전자제어 모듈
㉟ ETACS(electric time alarm control system)
㊱ EBD(electronic brake force distribution) : 제동력 분배 장치
㊲ FWD(front wheel drive/four wheel drive) : 전륜구동/4륜구동
㊳ FF(front engine front drive) : 전면 엔진 전륜구동
㊴ FR(front engine rear drive) : 전면 엔진 후륜구동
㊵ GPS(global positioning system) : 인공위성 자동위치 측정 시스템
㊶ HFM(hot film meter)
㊷ ISC(idle speed control)
㊸ LSD(limited slip differential) : 차동제한장치
㊹ LHD(left hand drive)
㊺ LCD(liquid crystal displayer) : 액정계기판
㊻ MAP(manifold absolute pressure sensor) : 맵 센서
㊼ MSDPS(memorized super diving position system)
: 시트 및 운전석 조향장치 제어장치
㊽ MPI, MPFI(multi point fuel injection) : 다중 연료분사 방식
㊾ PCSV(purge control solenoid valve)
㊿ PPDS(passenger presence detect sensor) : 승객 감지 센서
(51) PCV(positive crankcase ventilation) : 크랭크케이스 불로 바이 가스 재순환 장치
(52) PWI(pad wear indicator) : 브레이크 패드 마모 체크 장치
(53) RHD(right hand drive)
(54) RKES(remote keyless entry system) : 라디오 주파수를 이용한 원격 개폐장치
(55) SRS AIR-BAG(supplemental restraint system air-bag)
(56) SOHC(single overhead cam shaft)
(57) SIPS BAG(side impact protection system air bag) : 측면충돌 보호 사이드 에어백
(58) STICS(super time & integrated control system) : 다기능 시간제어 전자 경보장치
(59) T/A(trans axle), T/M(transmission) : 변속기
(60) TCS(traction control system)
(61) TPS(throttle position sensor) : 스로틀 위치 센서

㉖ TCU(transmission control unit) : 전자제어 기어 변속장치
㉗ VATS(vehicle anti-theft system) : 차량도난 방지 장치
㉘ VIN(vehicle identification number) : 차량 확인 번호
㉙ VICS(variable inertia charging system) : 가변 관성 흡기장치
㉚ VSS(vehicle speed sensor) : 차량 속도 센서

■ 저자 약력

한 영규
(현)보험연수원 전임교수 및 AMP손해사정 대표

DB손해사정본부장, 경원대학교·국제대·인하전문대 강사, 국민대학교 법무대학원 손해사정과 강사, 강동대학교 자동차과 교수, NCS(국가직무능력표준) 개발·집필위원 역임
자동차정비기능사, 자동차정비기사, 자동차검사기사, 제3종 손해사정사
저서
- 자동차보험 대물보상 이론 및 실무
- 자동차구조 및 정비

최 성식
(현)대림대학교 미래자동차공학부 전임교수

현대하이카 차량보상부장, 경영지원부장, 본부장 역임
NCS(국가직무능력표준)개발 집필위원
제3종 차량 손해사정사
저서(공저)
- 교통사고, 지식iN과 GAI에 물어는 봤수
- 자동차보험사도 모르는 교통사고판결의 비밀

시리즈Ⅲ
자동차보험 차량대물 손해사정(손상진단과 견적편)

지은이	한 영규 · 최 성식
펴낸이	박 현숙
편집디자인	김 민옥
표지디자인	김 민옥
펴낸곳	도서출판 깊은샘
출판등록	1980년 2월 6일(제2-69)
주소	서울특별시 용산구 원효로 80길 5-15 2층
전화	02- 764-3018 (010 5476 9798)
	팩스 02 – 764- 3011
이메일	kpsm80@hanmail.net
초판 1쇄 인쇄	2025년 1월 20일
초판 1쇄 발행	2025년 1월 22일
ISBN	978-89-7416-275-7 13320

- 파본이나 잘못된 책은 구입하신 곳에서 바꿔드립니다.

- 이 책은 저작권법에 따라 보호받는 저작물이므로 무단전재와 무단복제를 금합니다.

- 이 책의 일부 또는 전부를 인용하려면 반드시 저자와 깊은샘출판사의 동의를 받아야 합니다.